高校校园文化建设与文化自信培育研究

任占娟◎著

北京工业大学出版社

图书在版编目（CIP）数据

高校校园文化建设与文化自信培育研究 / 任占娟著. — 北京：北京工业大学出版社，2022.1
ISBN 978-7-5639-8232-5

Ⅰ. ①高… Ⅱ. ①任… Ⅲ. ①高等学校－校园文化－建设－研究－中国②高等学校－文化素质教育－研究－中国 Ⅳ. ①G647②G640

中国版本图书馆CIP数据核字（2022）第026859号

高校校园文化建设与文化自信培育研究
GAOXIAO XIAOYUAN WENHUA JIANSHE YU WENHUA ZIXIN PEIYU YANJIU

著　　者：	任占娟
责任编辑：	张　娇
封面设计：	知更壹点
出版发行：	北京工业大学出版社
	（北京市朝阳区平乐园100号　邮编：100124）
	010-67391722（传真）　bgdcbs@sina.com
经销单位：	全国各地新华书店
承印单位：	北京亚吉飞数码科技有限公司
开　　本：	710毫米×1000毫米　1/16
印　　张：	11
字　　数：	220千字
版　　次：	2023年4月第1版
印　　次：	2023年4月第1次印刷
标准书号：	ISBN 978-7-5639-8232-5
定　　价：	60.00元

版权所有　翻印必究

（如发现印装质量问题，请寄本社发行部调换 010-67391106）

作者简介

任占娟，女，汉族，1979年生，籍贯为河北省张家口市，硕士学历，副教授，主要研究方向为思想政治教育、马克思主义中国化、社会主义文化研究等。

前 言

当前西方文化的冲击造成一些大学生文化自觉不足、文化自信缺失，高校要坚持主流文化导向、增强理想信念教育、加强优秀传统文化教育，通过校园文化建设等培育大学生文化自觉与文化自信。同时，大学生也要强化自我教育，提升自身的文化素质。

全书共八章。第一章为绪论，主要包括校园文化概述、高校校园文化的基本特征、高校校园文化建设的指导思想与重要作用、高校校园文化建设与文化自信的内在关联等内容；第二章为高校校园文化发展历程与发展趋势，主要阐述了高校校园文化的发展历程、高校校园文化建设的现状、高校校园文化的发展趋势等内容；第三章为高校校园文化建设的理论建构，主要阐述了高校校园文化的理论定位、高校校园文化的实践功能、高校校园文化的目的指向等内容；第四章为大学生文化自信的现状与成因，主要阐述了大学生文化自信的积极表现、大学生文化自信缺失的表现、大学生文化自信培育存在问题的成因等内容；第五章为高校校园文化建设与大学精神培育，主要阐述了大学精神的时代表征、大学精神培育的对象、大学精神培育的逻辑理路、大学精神培育的路径选择等内容；第六章为高校校园文化建设与人的全面发展，主要阐述了大学生全面发展的新需求、文化环境与人的全面发展、校园文化建设与人的全面发展等内容；第七章为新时代大学生文化自信培育的基本构想，主要阐述了新时代大学生文化自信培育的原则、新时代大学生文化自信培育的目标、新时代大学生文化自信培育的内容、新时代大学生文化自信培育的路径等内容；第八章为文化自信引领高校校园文化建设的路径，主要阐述了大学生文化自信培育面临的机遇与挑战、高校校园文化建设的路径等内容。

为了确保研究内容的丰富性和多样性，在写作本书过程中作者参考了大量理论与研究文献，在此向涉及的专家、学者表示衷心的感谢。

最后，限于作者水平，本书难免存在一些不足之处，在此，恳请同行专家和读者朋友批评指正！

目 录

第一章 绪论 ··· 1
- 第一节 校园文化概述 ··· 1
- 第二节 高校校园文化的基本特征 ······························· 9
- 第三节 高校校园文化建设的指导思想与重要作用 ················· 11
- 第四节 高校校园文化建设与文化自信的内在关联 ················· 14

第二章 高校校园文化发展历程与发展趋势 ······················· 16
- 第一节 高校校园文化的发展历程 ······························· 16
- 第二节 高校校园文化建设的现状 ······························· 18
- 第三节 高校校园文化的发展趋势 ······························· 28

第三章 高校校园文化建设的理论建构 ··························· 33
- 第一节 高校校园文化的理论定位 ······························· 33
- 第二节 高校校园文化的实践功能 ······························· 38
- 第三节 高校校园文化的目的指向 ······························· 41

第四章 大学生文化自信的现状与成因 ··························· 48
- 第一节 大学生文化自信的积极表现 ····························· 48
- 第二节 大学生文化自信缺失的表现 ····························· 50
- 第三节 大学生文化自信培育存在问题的成因 ····················· 53

第五章 高校校园文化建设与大学精神培育 ······················· 66
- 第一节 大学精神的时代表征 ··································· 66
- 第二节 大学精神培育的对象 ··································· 72

第三节　大学精神培育的逻辑理路 …………………………… 75
　　第四节　大学精神培育的路径选择 …………………………… 82

第六章　高校校园文化建设与人的全面发展 …………………… 93
　　第一节　大学生全面发展的新需求 …………………………… 93
　　第二节　文化环境与人的全面发展 …………………………… 102
　　第三节　校园文化建设与人的全面发展 ……………………… 107

第七章　新时代大学生文化自信培育的基本构想 ……………… 116
　　第一节　新时代大学生文化自信培育的原则 ………………… 116
　　第二节　新时代大学生文化自信培育的目标 ………………… 120
　　第三节　新时代大学生文化自信培育的内容 ………………… 126
　　第四节　新时代大学生文化自信培育的路径 ………………… 129

第八章　文化自信引领高校校园文化建设的路径 ……………… 149
　　第一节　大学生文化自信培育面临的机遇与挑战 …………… 149
　　第二节　高校校园文化建设的路径 …………………………… 157

参考文献 …………………………………………………………… 166

第一章 绪论

校园文化对于师生具有规范砥砺、号召引领的作用，一旦形成便能够经久不衰，代代相传。校园文化建设是学校精神文明建设的重要内容。高校校园文化建设要因地制宜、因时制宜，注重同步发展、渐进发展、重点发展和层次发展。本章分为校园文化概述、高校校园文化的基本特征、高校校园文化建设的指导思想与重要作用、高校校园文化建设与文化自信的内在关联四部分。

第一节 校园文化概述

一、文化内涵阐释

（一）文化及其特征

文化是一个民族生存和发展的基石与血脉，每一个民族的生产生活方式、道德规范、价值观念无一不有本民族所特有的文化印记。文化印记是区分不同阶级、时代、地域的显著标志，文化内涵总是与所处社会的生产实践相联系。在文化多样化发展的新时代，不同文化之间的交流与交融丰富了文化的内涵与功能。

1. 文化的词源

"文"和"化"最初是单独使用的，"文"有"文"的意义，"化"有"化"的意义。从有关辞书的述证看，"文"有20多种含义。《说文解字》说："文，错画也，象交文。"按照《殷周文字释丛》的作者朱芳圃的解释，文即文身之文，"文"和"纹"相通。"文"是因"纹身"而起的，它是先民在胸前刻画线条的一种象形。因为刻画会有一定的轨迹，所以"文"又具备了"条理"的意义。"化"最初是就生育现象而言的。《殷周文字释丛》说，"化像人一正一倒之形"，这符合母产子的情况。在中国古代，所谓"化"还有"教化""感化"的内涵。由于"化"与"文"存在着某种相互沟通之处，古人便渐渐把它们联系起来使用。"观乎天文，以察时变；观乎人文，以化成天下。"（《周易》）这句话的意思是说："观察大自然纹理征兆之情状、寒暑阴阳之更替，可以知道四季的变化规律；观察人类社会伦理关系，'成乎文章'可以教化天下，成就大治之业。"由此可知，"文化"即由"人文以化成"缩略而来。

2. 文化的内涵

关于文化的内涵，目前学术界的观点，由于研究视角与研究领域存在差别，从不同的角度对文化内涵进行解读，由此形成的关于文化内涵的界定也是有所不同的。在这里选取学界较为公认的对文化的解释。

目前，学界多是从狭义文化研究如何通过思想政治工作来实现以文化人、以文育人的。无论是广义文化还是狭义文化，都形成于人类的社会实践活动中，是人类精神成果与物质成果的积累，反映人类社会本质的价值理念。文化通过文化现象表示出来，是一定社会具有相同思想认识和特定行为方式的凝练。不同时代的文化内涵有所不同，其本质是生产力的发展带动生产关系的变革，建构在社会生产力基础上的价值观念同样会发生变革，因此文化内涵也是不同的。

3. 文化的特征

（1）时代性

文化是一定社会物质生产力的产物，每个时代的文化因其物质生产力的发展、生产方式的演变必然伴随着文化的演进。文化的时代性来源于生产力的发展和生产方式的变革，体现在文化内容、表现形式上。文化内容是文化主体在所处时代中实践的产物，总是要与时代保持一致；一定时代的文化必然带有该时代的印记。例如，饮食文化、诗歌文化、戏曲文化等文化表现形式与时代相关联并随着时间的推移更加具有特定时代的特征。在一定意义上讲，文化是时代的产物，时代的组成是文化的衍生物，两者相互促进，并通过生产力与生产关系表现出来。

（2）实践性

文化的实践性主要表现为文化是社会实践的产物和文化能够提供人类进行社会实践的精神力量。文化是由人类在生产实践中创造的，离开了社会实践，文化自然失去了根基。一定社会所形成的文化成果必然要对身处一定社会关系中的人起到一定的引领作用，即为人类实践提供精神力量进而影响人的行为。

（3）传承性

文化的发展离不开文化的传承，人类历史上精彩纷呈的文化并不是凭空产生的，总是在继承前人文化成果的基础上而形成和发展的。人作为文化性的存在，自身所带有的本时代的文化印记是继承了前人文化特质中赋予新的内涵；不对优秀文化进行继承，文化的发展与创新便无处谈起。在马克思列宁主义的视野下，文化是现实社会观念与思想的表达，文化自身是由社会经济基础决定的。文化不是离开原有生产力关系的臆想，而是有着深刻意义的对以往生产关系的映照，无法离开以往文化的传承。

（二）文化的多重功能

人类创造了文化，文化也在塑造着人，是其塑造或者教化功能的深刻写照，社会的现代化程度、人的现代化程度是文化功能的表征。

1. 激励功能

新时代文化满足人们日益增长的文化诉求，带给人们持续向上的文化满足感，本质是文化的精神力量激励人们形成致力于自我和社会发展相统一的行为选择与实践。中国共产党带领人民争取民族独立，人民解放中形成的革命文化的丰富涵养无疑带给人们向上的精神动力，在满足人们的精神文化需要的同时激发人们奋勇前进。

2. 价值引领功能

文化所具有的价值引领功能是由文化所包含的价值观决定的。文化的价值引领功能着力于对教育对象价值观的塑造，以价值观引领行为方式，着眼于形成有益于社会和自我发展的价值养成和行为自觉。

3. 思想渗透功能

文化思想蕴含于文化之中，文化是思想的载体。文化育人就是要通过文化背后所包含的思想、价值观来塑造人和铸魂育人，在一定意义上讲，文化育人是借助文化的渗透力来塑造人。文化的渗透性体现在以思想和价值观为内涵的文化在人们思想和行为的各个方面的渗透，时时感知到文化的力量。思想渗透是指文化通过思想在教育对象头脑之中的渗透，与教育对象头脑中的思想产生碰撞，使教育对象自觉接受一定社会的价值理念、思想观念，内化为自己的价值信仰，外化为实现人生价值的实践活动。文化育人通过间接、非正式的方式实现育人，借助思想渗透促使个体文化自觉意识的觉醒，实现文化育人。文化背后的思想伟力具有持久的影响力，一旦渗透进教育对象头脑之中，其影响就是持久而深刻的。

4. 文化凝聚功能

文化的凝聚功能是指文化对所处文化场域的个体或者群体所具有的聚合、团结的作用，该文化主要表现为优秀文化。优秀文化的感染与熏陶会对文化主体的心灵产生震撼力。高校通过对优秀文化的把握，激发学生强烈的文化认同感，增强文化建设的参与感和获得感。文化教化的本质是指用作为文化成果的社会规范、礼仪道德、思想价值观等，影响、感召、作用于人的活动和思维，并以此引导和塑造人。凝聚共识需要文化教化，在一定意义上讲，正是有了文化教化，才形成共识的凝聚与行动的达成。思想共识、行为一致是建立在通过优秀文化对教育对象的聚合和团结作用的基础之上的。

二、校园文化的概念

校园文化作为文化的一部分，主要是指校园内的文化构成，包括了学校所传递出的价值观、世界观、校风校训、校内节日庆典等多方面、多维度因素。对于校园文化的分类，不同的学者的分类不尽相同。学者王冀生在《现代大学文化学》一书中，将文化分为物质文化、精神文化以及制度文化三大类。而更加普遍的分类方式，是将校园文化归纳为四类：浅层的物质文化、中层的制度文化、动态的行为文化、深层的精神文化。浅层的物质文化涵盖了所属校园内的各式建筑、校徽、识别系统以及各种校园设备等，它是校园文化的外在表现，是一种具有潜力和巨大教育效应的文化景观；中层的制度文化则包括学校的各项规章制度、管理条例、行为准则、习惯、礼仪等；动态的行为文化包括教学教研活动以及社团文化活动等，是校园文化中学生参与度最高且最能代表校园活力的部分；深层的精神文化，如学校的学风校风，传统校园文化，校内师生所坚持的世界观、价值观、道德观等，它既是校园文化最深刻的所在，也是最能够恒久传播的文化核心。这四个层次由浅及深，相互作用，不断为校园注入活力。

三、校园文化的载体

分析高校校园文化载体的内部结构，是进一步把握高校校园文化载体育人本质的研究起点。在众多分类中，根据当前高校校园文化的外在表现形态进行分类，是高校校园文化载体最基本的、最广泛的分类方式。

当前学界对高校校园文化结构层次的划分普遍采取"四分法"，将高校校园文化分为物质文化、精神文化、制度文化以及行为文化。而网络文化作为新时代背景下思想政治教育载体的新元素与新资源，是校园文化载体的重要类型之一。

（一）校园物质文化载体

校园物质文化作为校园文化中的有形部分，是校园文化的空间物质形态，为其他校园文化的信息传递奠定了物质基础。因此，在高校思想政治教育的研究视野下，校园物质文化载体是承载与传递思想政治教育内容或信息的物质设施和物质环境。其中，物质设施包括教学、科研、生活与休闲娱乐物质设施等；物质环境主要是校园的自然环境与人文环境，主要包括地形、建筑与道路等校园自然景观，以及校园建筑、校园园林与校园雕塑等人文景观。校园物质文化载体是高校校园物质文化物化性与承载性特征的集中体现。

高校校园物质文化的承载性特征是指高校由于处于不同的地理环境中，在日常教学、科研和生活中形成了区别于其他高校文化特色并体现自身特殊性的特定物质文化。在不同地方特色文化的影响下，高校校园物质文化产生了各不相同的地域积淀，体现着特定空间的特殊文化。校园物质文化载体则通过承载与传递彰显各高校特色的思想政治教育内容或信息的物质设施和物质环境，充分展示着不同时期高校校园物质文化的重要特征。

各类高校因历史文化的发展差异性，逐渐形成不同的校园物质文化载体育人特色，无论是具有鲜明中国传统文化特色的百年高校，还是深受红色文化影响而建设的高校，都十分重视校园物质文化载体的育人作用。

（二）校园精神文化载体

校园精神文化载体是指导高校全体师生并具有自身特色的办学理念、价值观念、理想信念、道德规范和优良传统的综合体，是校园文化载体精神形态层面的外在表现形式，综合表现为校风、师风、学风和校训。在高校思想政治教育的实践建设中，精神文化载体是校园文化载体的核心，潜移默化地影响着高校每位成员的价值观与行为方式。

校风是经过学校全体成员共同努力而逐步形成的整体价值取向、精神风貌和行为方式等诸方面的积极沉淀与综合呈现，体现为一种稳定而具有导向性的独特心理环境。

师风以教师的职业道德为基础，包括全体教师的教学能力、学术水平等方面，是教师的道德品质、治教水平、才学智慧、人格修养以及行为作风的统一性表现。

学风是学校为实现一定的学习目标，在长期的实践积淀中形成的、被学生共同认可的且相对稳定的价值观念和行为准则，其外部表现形式为一定的治学精神、治学原则和治学态度，并对处在环境中的个体产生教育影响的一种氛围。

　　校训是对学校办学理念、价值追求、历史传统、精神风貌和个性特色的集中体现。以我国高校的校训为例，清华大学的校训"自强不息，厚德载物"，不仅成为彰显学术自由、独立思考的校园风气的精神动力，更是成为激励清华学子勤恳求学的座右铭。竺可桢任浙江大学校长期间，提议将"求是"二字作为浙江大学的校训，外鉴西方的科学精神文化，通过追求科学精神的教育思想、敢于创新的办学理念，引领几代浙大人在战火岁月"愈挫愈强"，将"求是"的奋斗精神熔铸于浙大师生的行为准则之中。孙中山将"博学、审问、慎思、明辨、笃行"十字校训作为广东大学的办学治校理念，高度概括了为学、治学与救国的教育理念，为日后的中山大学师生注入了不可淡化的精神引领力量。

（三）校园制度文化载体

　　重视高校思想政治教育联结、转化非正式制度和正式制度二者关系的引导功能，是形成长期维护良好文化环境的有力保证。校园制度文化载体是承载存在于学校中的正式制度、非正式制度以及学生内在的价值取向、理性原则和认可程度等观念体系的学校组织结构的文化形式。

　　校园制度文化载体的内容主要包括规章制度、行为准则和高校风俗三个方面，其文化形式具体表现为组织管理制度、教学管理制度、生活管理制度、学生奖惩制度以及贫困资助制度等。新时代高校思想政治教育比非正式制度的内容更丰富、形式更灵活以及教育结果更有信服力等独特优势，具有更强烈的诉求。

　　因此，要想探索校园制度文化载体的有效路径，必须发挥非正式制度在高校思想政治教育中的积极作用，以非正式制度的无形性、非强制性、稳定性和广泛性的显著特征在校园文化环境中引导教育对象树立正确的价值观念，从而逐渐形成适当的行为方式。

　　中国现代高校制度关系着高校的健康运行与发展，以正式制度为例，中国高校所拥有的办学自主权是其作为独立法人能够自主配置教育资源的重要制度体现，有利于正确处理好高校外部沟通与内部治理的关系，明确高校权力运行边界和主体治理身份，形成自我管理、自我约束与自我发展的良性制度文化氛围。而校长治校是现代高校制度文化体系趋于成熟的重要标志，以蔡元培、梅贻琦、陈望道等为代表的一批杰出校长，以他们独特的教育理念与人格魅力为中国高校的发展做出了阶段性的重大贡献。

另外，以非正式制度为例，高校的学生社团作为一种具有自治性与开放性的群体组织，是连接学生、高校和社会的重要纽带之一，借助多样化的展开形式塑造着丰富多彩的高校校园文化，让教育对象在平等自主的非正式制度关系中不断提升技能和锤炼人格，特别是一些具有鲜明思想政治教育功能的红色社团，坚持以马克思列宁主义理论来指导社团发展，不断深化社团成员的马克思列宁主义信仰和政治认同。

（四）校园网络文化载体

首先，网络文化可通过各类网络平台跨越时空界限，在极大的自由性中突破文化限定，实现网络文化的交流与共享，保证网络文化得到充分的展现与融合，从而形成了校园网络文化载体的开放性特征；其次，校园网络文化的主体互动性特征表现为教育主客体之间去中心化的互动传播方式，教育者与教育对象既可以是网络文化受众，也可以是网络文化的创作者；最后，校园文化载体凭借技术优势，在获取、处理和传递思想政治教育信息的过程中可以摆脱绝对统一时间的制约，弱化甚至消解信息传播的存在空间。

在网络文化迅猛发展的社会大环境下，国家始终重视高校校园网络文化载体的育人功能。教育部于2013年将"高校校园网络文化建设"作为高校思想工作的重点任务，组织清华大学、上海交通大学以及南京大学等七所高校作为校园网络文化建设专项工作的试点高校，特别围绕改革导向、改革内容以及改革推进过程等方面做出了全面部署。2021年，教育部思想政治工作司明确指出了高校校园网络文化的建设思路，要发挥高校大学生习惯使用的网络应用平台，重点建设高校思政类网络公众号，不断增强网络思想政治教育的正面宣传吸引力和有效性。

四、校园文化的符号

（一）校园文化符号的定义

校园文化符号，就是指那些最能够代表某一校园文化的特定符号。它们作为校园文化的载体，以一种简洁明了的方式展示着学校的价值观和精神面貌。对校园文化符号进行分类，粗略地可以分为物质符号与精神符号两类。

物质符号，即承载校园文化的实体符号，如北大的未名湖、武汉大学的樱花树、清华大学的水木年华，这类符号以实体姿态承载着校园的文化精神，阐述着校园的涓涓历史，是新生和游人初到校园时，能够最直接接触与感受的符号。

另一类符号，即精神符号。各大高校将自己的价值观、世界观通过精简抽象的方式融入校徽、校训这样的符号之中，简单直接地传播其优秀文化与理念，如斯坦福大学的校训"自由之风永远吹拂"、剑桥大学的校训"此地乃启蒙之所和智慧之源"、复旦大学的校训"博学而笃志，切问而近思"，都承载着这些学校最核心的价值观。

（二）校园文化符号的分类

四类校园文化符号，即浅层物质文化符号，包括校园建筑、图书资料、文化设施等，这类文化符号能够简单直观地展示出所表达的内在含义。中层制度文化符号与动态行为文化符号，包含校风校训、校内规章制度，以及社团标志徽章等。这两类符号，虽然无法被大众群体迅速接受，但在校师生对其感知程度更高，更加容易起到群体间的认同作用，建立情感纽带。深层精神文化符号蕴含了一所学校想要展现给师生与社会的优秀内核，更加适合面向大众传播，且在传播的同时也能对学校起到积极正面的宣传作用。

（三）校园文化符号的意义

由符号定义可知，符号是信息传播的载体，而校园文化符号，则是校园文化传播的载体。校园文创产品之所以能够为高校带来经济与文化的双重丰收，就在于其通过产品获得经济效益的同时，也将优秀的校园文化、精神在全社会范围内进行传播。信息的传播无法离开符号，选择适合的校园文化符号更加有利于拉近与在校师生、校外人群的距离，更好更高效地传播优秀校园文化。校园文化符号的形式丰富，设计师可以根据不同的受众群体设计不同的符号样式，使其能够更容易地被使用者接受。并且，校园文化是一种时间沉淀的产物，其形态较为稳定，这也让一部分人对其形成了传统、落后的刻板印象，而校园文化符号则因其灵活性，能够很好地与时俱进，在承载传统优秀文化的同时，以一种符合当下流行的形象，完善整个校园文化形态，使整个系统始终保持鲜活的生命力，从而不断传播。

第二节 高校校园文化的基本特征

一、传承性和创新性

（一）传承性

校园文化一旦形成，便随着学校的发展而发展，不因时代、社会制度的变迁而消失，具有传承性。

（二）创新性

学校存在校园文化、社会文化、企业文化等多种文化的交流与渗透。在校园文化建设中，学校师生不断地吸收、借鉴其他优秀文化的精髓，为校园文化注入新的内涵，创造出新的文化载体和表现形式。校园文化的创新性，要求学校必须不断提升办学理念，凝练校园精神，完善基础设施，深化教学改革，加强校风建设，健全各项规章制度和行为规范，强化内部管理，不断吸收其他优秀文化的精髓，创新校园文化的内容和形式，努力营造格调高雅、内涵丰富、形式多样的校园文化。

二、共同性和独特性

（一）共同性

各高校虽文化不同，但具有一个共同的目的和职责，就是为社会培养人才。各种类型的教育有其共同的基本规律，如必须调动师生双方的积极性，必须适应学生身心发展的特点，必须遵循理论与实践相结合、因材施教、启发性等基本教学原则，这些都决定了不同学校的校园文化具有某些共同的特点。

（二）独特性

不同学校的发展历史、校纪校规、领导风格、培养目标、专业特点、教育实践及所在地区文化环境等具体情况各不相同，因此校园文化又具有独特性，这种独特性是校园文化不断发展的基础。在实践工作中，充分把握校园文化的共同性和独特性，既有利于促进各种校园文化的相互渗透、相互融合、相互促进、共同发展，又有利于保持不同校园文化自身的特点和风格。

三、导向性和情感性

（一）导向性

校园文化对师生的思想观念、道德品质、人生态度、行为规范、思维方式及生活方式等都具有导向作用，能引导师生朝着一定的方向发展，提高师生文化素质和审美情趣，培养师生良好的道德修养和意志品质。

（二）情感性

校园文化与学校师生的心理活动、情感态度紧密相连，能在一定程度上反映并影响他们的情感态度、情感体验和情感表达，因而具有情感性。在实践工作中，充分利用校园文化的导向性和情感性，引导师生朝着积极、健康的方向发展，安心地学习，愉快地工作，健康地生活。

四、渗透性和多样性

（一）渗透性

校园文化渗透在师生的思想观念和言行举止中，渗透在师生的学习、工作、生活和情感中，影响着师生的人生观、价值观和审美观，促使他们自我约束、规范言行。

在学校与社会、企业的接触中，校园文化与社会文化、企业文化相互交流、相互渗透，既影响学校师生的学习、工作和生活，推动校园文化不断创新，也会影响并促进社会文化和企业文化的创新和发展。

（二）多样性

从内容上看，校园文化包括物质文化、制度文化、行为文化和精神文化四个方面，内涵丰富，形式多样；从载体上看，校园文化通过各种管理制度、教学设施、仪器设备、校园环境、建筑、网络、图书馆、陈列室、宣传栏、社团组织及文体活动等载体得以体现。这些文化载体是校园文化形成、发展和体现的物质基础，文化载体的多样性，促进了校园文化多样性的形成。

五、开放性和互动性

（一）开放性

校园文化与社会文化、企业文化等多种文化保持着积极的交流与融合，学校师生时刻保持着学校与社会、企业的交流，网络技术的发展给师生带来了丰富的文化信息，不断丰富校园文化的内涵，各个学校之间也存在教学、科研、管理、文化活动等方面的交流与合作，这些都使得校园文化具有开放性。

（二）互动性

学校的内部特征和外部环境时刻保持着互动与交流，促使校园文化和社会文化在保持和发扬各自已有的优秀文化内涵的基础上，不断创造新的文化内涵。在实践工作中，充分认识校园文化的开放性和互动性，加强与社会、企业的联系与交流，取长补短，有利于促进校园文化、社会文化和企业文化的不断创新与共同发展。

第三节 高校校园文化建设的指导思想与重要作用

一、高校校园文化建设的指导思想

校园文化是大学赖以生存和发展的精神支撑，切实加强校园文化建设，是我国高校面临的一项长期而艰巨的重要任务。

我国的文化具有中国特色的社会主义文化的特点，既反映中华民族在长期发展历程中逐渐形成并发扬光大的基本精神，也是民族文化优秀传统和中华民族精神的集中体现。它反映着中华民族发展的正确方向，反映出与人类文明发展方向的一致性，代表并昭示着人类文明的发展方向。从文化的民族性来看，它应当体现中华民族世代相继、前后一贯的奋进精神，具有超越时代、地域的特点，反映的是民族文化中具有中国特色的普遍性的一面，以及作为人类文化重要构成的、表现人类共性的一面；从文化的时代性来看，它应当体现特定的时代精神，具有对旧时代、旧文化的较强超越性，以及对新时代的呼唤和展望；从文化的世界性来看，它应当能够呼应人类文明发展的声音，从一个侧面反映出人类文明前进的脚步，使得中华民族文化融进世界文化的发展潮流之中。

在今天，建设有中国特色的社会主义高校校园文化，在体现文化的民族性、时代性、世界性的同时，是一种批判继承历史传统而又充满改革开放的时代精神，立足本国又面向世界，具有典型的中国作风、中国气派而又符合当代世界文明的基本精神的现代新型高校校园文化。

新时期加强校园文化建设的指导思想是，坚持以党的精神为指导，深入贯彻落实习近平总书记系列重要讲话精神，用马克思主义中国化最新成果武装师生头脑，用中国特色社会主义共同理想凝心聚力，以培育和践行社会主义核心价值观为核心，以弘扬大学精神、培育大学文化、推进科学精神与人文艺术的融合为重点，以文化传承、文化塑造、文化育人、文化创新为手段，着力推进校园文化"外化于行、内化于心、固化于制"，提升学校文化的凝聚力、辐射力、创新力。

二、高校校园文化建设的重要作用

（一）培育时代新人的必然要求

少年强则国强，梁启超在《中国少年说》中就点明了少年的作用。梁启超非常重视青年的力量，在清朝危难时刻号召青年去拯救中国，对青年说："我们可爱的青年啊，立正，开步走！大海对岸那边有好几万万人愁着物质文明破产，哀哀欲绝地喊救命，等着你来超拔他哩。"青年是国家栋梁之材，已经成为社会中一股重要力量。在各行各业当中，青年人的比例逐年增高。树立新时代大学生的文化自信，有利于增强对中国文化的认同，培养出吃苦耐劳的精神和积极向上的心态。这是在新时代的背景之下，时代新人应该具有的品质。

大学生是社会主义建设者和接班人，青年的力量是社会主义建设的中坚力量。在两个一百年目标当中，其中最后一个目标是建设社会主义现代化强国。在未来30年的时间里，为实现社会主义现代化强国而努力奋斗者就是新时代的大学生，他们是后起之秀。他们在校园当中学到的本领可以运用到祖国需要的地方，为实现祖国的宏伟目标而拼搏。

在2020年五四青年节的前一天，某网站上就推出一段演讲视频《后浪》，认可、赞美、寄语年轻一代，其中说道："你们有幸遇见这样的时代，但时代更有幸遇见这样的你们。"我们所处的时代是前人无法体会的时代，未来却掌握在这一代手中。提高大学生的文化自信，激发大学生的奋斗力量，为更美好的明天奔涌着。

（二）有利于凝练高校校园文化的精神内涵

高校校园文化中的校园精神作为一种深层次文化，洋溢于校园生活中，体现于日常行为中，是高校校园文化的灵魂和核心。因此，在丰富高校校园文化建设的同时，更要注重凝练高校的校园精神，通过文化建设活动的有效开展展现出校园精神具有的独特精神魅力、凝聚力和震慑力。

另外，充分发展高校校园文化建设还可以强化高校的办学理念，促进教学水平和管理教育的显著提高、师资力量的有效整合，并有助于高校打造特有的教育品牌，最终促进高校各项事业的健康发展。

（三）有利于加强大学文化建设政策的贯彻

大学文化对校园文化的形成起到导向作用。大学文化是先辈通过学习并反复实践，经过了各种现实的考验，最终沉淀下来的文化精华。它已经被历史证明是正确的，是具有一定参考价值的，它指明了大学文化发展的具体方向。作为金字塔的顶端部分，大学文化不仅决定了校园文化的本质，而且也影响了校园文化发展的趋势，它对校园文化的构建具有一定的理论价值。

因此，在校园文化的构建路径上，必须坚持以大学文化为导向。只有这样才能构建出最合理、最有效、最具特色、最适应自我发展的校园文化，才能引发全体师生的共鸣，使得校园文化的形象深入人心，促使他们形成与之相应的价值观念和人生理想，从而推动学校的全面协调可持续发展。

（四）有利于开辟高校思想政治教育的途径

在高校校园文化建设过程中，其自身的知识、信息以及传播优势开辟了高校思想政治教育的新途径。在高校对受教育群体进行思想教育的过程中，通过融入校园文化建设的方式来达到教育的目的，将会赋予高校校园文化崭新的形式和内容。

高校师生群体通过组织和参与形式多样、丰富多彩的校园文化活动及大学生社团活动等，在校园文化活动中渗透思想教育的内容和形式，在日积月累、潜移默化的文化氛围中使高校大学生逐渐提高思想觉悟，从而激发学生学习的主动性，促进身心的健康发展。通过专业知识与丰富多彩的高校校园文化活动相融合，寓德育于专业教学之中，有效地与大学生的日常生活、学习相融合，并使之经常化、具体化，从而提高高校大学生的文化专业水平与思想道德水平。

另外，通过高校校园文化建设中的课外实践活动来不断加强对高校师生群体的革命理想教育、爱岗敬业教育、人生观价值观教育及文化素养教育，可以启迪教师在工作中踏实勤奋、在学术上锐意创新，学生在学习上认真刻苦、在活动中积极热情，从而开拓出更为优秀的高校校园文化成果。

同时，高校校园文化活动中的一些专题讲座、读书竞赛、纪念活动等不仅具有一定的思想性，还可以有效地净化学生的心灵，拓展学生的课外阅读知识，激发学生的爱国主义热情，从而更好地为中国梦的早日实现发挥自身潜能，激发广大高校学生的爱国热情与社会责任感。

（五）有利于适应大学生思想政治教育环境变化

目前，我国受到经济全球化、西方多元文化等因素的影响，传统思想道德体制的地位受到追求名利的利益观的挑战。网络载体和大众传媒在思想阵地的渗透也逐渐影响着人们的思维方式。在这种社会变化发展的复杂大环境中，高校大学生正处在思想活跃期，他们的人生观、价值观、道德观也在发生着较大的变化。

高校里一些意识薄弱的大学生受到不良风气的影响，个人主义意识不断增强，他们的价值取向扭曲，信仰迷茫，社会责任感缺乏，甚至长期沉溺于网络虚拟世界中，这些都将影响我国高等院校教育的发展。因此，在当前多元文化的价值选择和判断过程中，必须通过有效的思想政治教育来对大学生进行正确的思想引导。

同时，针对个别大学生不愿受说教、约束和主体意识增强的特点，更要不断创新和改革大学生思想政治教育工作，来给予大学生正确的引导和帮助。但思想政治教育的特殊性和高校学生思想政治的活跃性决定了仅仅依靠课堂教育来提高在校大学生的思想政治素质是远远不够的。相比较而言，独具个性又积极健康、向上的高校校园文化氛围可以帮助高校大学生完善人格，使其在潜移默化中提升自身的道德素养，更加有助于他们的成长和成才。

因此，对于高校校园文化建设要给予科学的、正确的引领，从文化源头上引导大学生形成积极的、健康的价值取向，逐渐引导高校大学生形成正确的群体价值观，同时充分借助高校校园文化的有效建设，将思想政治教育的内容融入其中，使大学生在潜移默化中感受良好高校校园文化建设的独特魅力与精神感染力，从而对大学生的世界观、人生观、价值观产生深远影响。健康向上、丰富多彩的高校校园文化对于大学生良好品性的形成、道德水平的提高、文化素养的积淀具有无形的积极促进作用。

第四节　高校校园文化建设与文化自信的内在关联

高校校园文化之所以与文化自信具有密切联系，并对坚定文化自信起到重要作用，是因为高校校园文化与文化自信在很多层面具有契合性。这种契合性是指两者在一定层面存在着共同性。研究校园文化与文化自信的契合性，对进一步清晰地认识高校校园文化与文化自信的内在联系具有积极的意义。

一、文化自信是高校校园文化建设的重要目标

中国共产党长期以来都在关注中国特色社会主义文化的建设，例如，习近平在党的十九大报告中明确指出："中国特色社会主义文化，源自于中华民族五千多年文明历史所孕育的中华优秀传统文化，熔铸于党领导人民在革命、建设、改革中创造的革命文化和社会主义先进文化，植根于中国特色社会主义伟大实践。"

高校是文化传承和弘扬的重要阵地，承担着中华文化传承与发展的重要使命。校园文化建设应以党和国家文化建设思想为指导，以促进文化发展为目标。目前，校园文化建设理应内化文化自信的要求，以树立大学生的文化自信为己任，以弘扬中华优秀传统文化、彰显社会主义先进文化为契机，培育高校大学生文化自信，推动社会主义文化繁荣发展。

二、高校校园文化建设是实现文化自信的有效载体

校园作为一种物质化存在的场域，可以通过改善物质环境来使中华文化得以有效彰显，营造鲜明的中华文化氛围，使其在所见所听所闻中受到文化的熏陶，最终达到对中华文化的行为认同。

校园文化建设过程也是运用多种形式与其他教育载体的过程。多种形式与载体，如语言文字载体、活动载体、传媒载体、管理载体等的运用，增强高校大学生对中华文化的情境体验，有助于增强大学生的文化自信。语言文字载体包括图形、表格等的非文字表述和说服教育的文字表述，是诠释中华文化的重要媒介；活动载体则可以将文化自信融于竞赛活动、社会活动、休闲活动中；传媒载体不仅包括传统的报刊、图书、广播、电视、电影，而且还包括以网络技术为支撑的各类传媒载体，如网络电视、网络广播、网络期刊等，这些媒介能够将中华文化宣传与教育生动化、鲜活化，提升学生对中华文化的广泛认知与情感认同。管理载体为将中华文化自信融入制度建设、组织机构建设及人才队伍建设之中，为文化自信的培育提供制度保障。

总之，校园文化建设是多种要素构成的系统性工程，它不仅承载文化自信的内容、目标与要求，还在理论与实践的过程中，坚定大学生的文化自信。

第二章　高校校园文化发展历程与发展趋势

高校校园文化是以校园为活动空间，以校园师生为参与主体，以师生教学科研活动和业余活动为主要内容，以文化的多学科、多领域广泛交流及特有的生活节奏为基本形态，充分体现高校师生文化层次、价值取向、思维方式、行为规范、审美情趣等方面的独特之处，并具有时代特点的群体文化。它在传播先进文明精神，创造和谐校园环境，教育、影响、服务师生等方面的作用日益明显和重要。本章分为高校校园文化的发展历程、高校校园文化建设的现状、高校校园文化的发展趋势三部分。

第一节　高校校园文化的发展历程

一、高校校园文化的初创阶段

1949年—1966年是社会主义过渡时期和社会主义建设探索时期，虽然中华人民共和国成立了，但是真正清楚社会主义的人民大众还是少数，为了使社会主义文化深入人心，国家花大力气对学生进行思想领域的教育和引导，高校要求青年学生做到又红又专、德智体全面发展；要求学生干部面面俱到，把教学科研与生产生活紧密结合。

学生努力学习文化知识，为社会主义建设贡献微薄之力。他们崇拜革命领袖和先烈英模，他们的精神食粮也很单纯，最被重视的就是《毛泽东选集》。这个阶段的高校校园文化积极向上、干净纯粹，师生与祖国同呼吸共命运，为了祖国的共产主义事业甘愿献出自己的青春和知识，"以祖国的需要为需要"是当时很多人的座右铭。

在国际上，由于我国与苏联交好，所以在校园建设方面也以苏联为鉴。这一阶段大学生成为社会主义建设的人才储备力量，究其缘由是高校校园文化在此阶段产生了深远的影响。当时的高校上至管理层,下到后勤人员,都是一鼓作气为建设社会主义事业牺牲自我,奉献国家。这个阶段的校园文化催人奋进,净化心灵。

二、高校校园文化的曲折发展

1966年5月至1976年10月,学生无心读书学习,"读书无用"的偏激思想猛烈地冲击着大学生的读书观。随后,知识青年插队到各个贫困地区,接受"再教育"。更为严重的是教师的地位急剧下降,到后期,高校几乎停止招生,校园文化因此失去生存和发展的土壤而被扼杀。

三、高校校园文化的恢复发展

1977年—1986年,国家恢复了高考制度,大量的学生从四面八方拥入高校中。这些学生年龄层次跨度较大,有很多是接受了基层实践的锻炼后又返校的,因此他们对高校校园文化生活无限向往,激发了他们建设校园文化的热情。改革开放初期,活跃开放的社会环境也为高校学生创建校园文化提供了广阔的平台。一时间,高校校园内兴起了各种活动,如学习竞赛、文体活动等。举办这些活动的学生社团、协会以及学生会等学生组织如雨后春笋般涌现,全国各地高校的学生社团活动生机勃勃。

在高校学生社团活动火热进行过程中,高校大学生发挥了他们在校园文化建设中的先锋作用。20世纪90年代,"校园文化"被首次明确提出,华东师范大学对校园文化进行定义性的规范,并将之积极地付诸实践之中,开创了高校校园文化建设的新纪元。这一阶段的高校校园文化建设开始进入科学化、系统化、学术化阶段,研究者逐渐从表面深入,发掘校园文化的内核。

四、高校校园文化的蓬勃发展

1986年—1999年,"校园文化"被正式提出后,引起了各高校的共鸣和媒体的注意。作为高校校园文化建设的主体之一,高校学生也在不断加深对高校校园文化的认识,他们将更多的注意力投入现实中,从我国的国情出发,聚焦中华民族优秀的传统文化,将这些具体实际情况融入高校校园文化建设之中。此时公众已经深刻地认识到校园文化的重要作用以及开展校园文化的紧迫性,深知通过校园文化这一手段可以对高校学生加强德育和思想政治教育,可以提升大学生的综合素养,可以为国家培养高能力的综合型人才。

随着我国改革开放的日益扩大,社会文化环境更加活跃,对外交流越发频繁,身处其中的高校校园同样受到这种气氛的感染，开放性成为高校校园文化的一大特点。这一时期的高校学生通过多种形式的校园文化实践活动，走出校园，走向社会，亲身体验改革开放后社会经济蓬勃发展的火热生活，提高了自身的思想素质，锻炼了他们实际解决社会生活的能力。

五、高校校园文化的深化发展

21 世纪初，中国加入世贸组织，经济发展速度迅猛，这就意味着文化软实力也要加快发展速度。高等教育改革由探讨到实践，以及市场经济对高素质全方位人才的需求，促使中国进入全面转型时期。世界范围内的人才竞争更强调了科技技能和人文素养的完美结合。实践决定认识，客观环境直接要求高校校园文化再发展，高校学生对等级考试、资格认证考试、考研的热情逐渐高涨。随着教育大众化时代的到来，教育水平普遍提高，但这还不能够适应世界发展的潮流，终身学习越来越被人们重视并践行。

为了适应社会的发展和竞争的需要，不断提高个人的科学人文素养是这一阶段校园文化的集中体现。校园文化的多种功能对人才培养起到了推动作用，这就为我国人才资源的储备奠定了良好的基础。

同时，这一阶段的高校校园文化理论成果研究初步成型，在实践中也积累了一定的研究经验。国家教育部门出台了更多的政策支持高校校园文化建设，教育部从 2006 年开始，决定将优秀校园文化的建设成果公布于众，其目的就是表彰那些辛苦的校园文化建设者，并鼓励更多的人参与其中。

第二节　高校校园文化建设的现状

一、高校校园文化建设取得的成就

（一）校园基础设施日益完善

大学校园物质文化是一种物化的文化形态，是学校一切物质条件的总和，包括教学楼宇、教学设备、实验室、活动场地、生活设施及办公场所等硬件基础设施。校园基础设施建设是大学校园活动开展的必备条件，物质文化是大学校园文化建设顺利进行的基础和前提，是大学校园文化育人的重要载体和途径。

大学校园基础设施为大学生提供了良好的生活和学习园地，高校通过创建怡人的环境，使师生在审美的同时愉悦身心进而激励自我潜能发挥，全身心投入学习和科研项目中。大学校园通过合理规划基础设施建设，在一定程度上为师生提供学习和展示自我的平台，为大学校园文化育人提供基本条件。

（二）大学精神日益深入人心

大学要实现育人目标，需要做好大学校园文化建设。在大学培养人才、创新科技、更新理念、传授知识、传承文化、服务社会等功能中，校园文化育人是大学价值教育体系的灵魂和核心。大学精神深入人心，可给予师生以各方面的指引，在特定时空条件下通过凝聚校园师生的进取心，将其转化为具体的奋斗目标，成为广大师生的精神支柱和发展动力。

（三）校园行为文化日趋规范

大学校园行为文化是大学校园文化的主要体现。人是积极的社会行动者，通过自己的行动创造丰富的文化，并从中汲取精华来指导行为，进而再创建或改变已有的文化或制度。随着规模的不断扩大和功能的复杂化，国内现代化大学的组织演化分为两大类，一类侧重管理，另一类侧重学术，它们有着不同的行为文化特征。

各大学坚持以社会主义先进文化为指导，弘扬教育主旋律，使大学生在日常生活、学习、工作中都有一个积极向上的行为态度。例如大学校园社会实践活动，发挥实践教育的功能意义，引导大学生向社会学习、向群众学习、向实践学习，在实践中进一步加深对中国特色社会主义先进文化的理论学习，促使大学生的行为文化更加有序规范。

（四）高校管理制度日趋完善

完善的大学校园文化制度体系建设是大学校园文化育人的核心，它不仅给大学的管理提供参照与方便，营造自由与纪律并存的校园文化育人保障氛围，而且关系到大学校园文化育人能否可持续发展的问题。中国人民大学、华中师范大学、武汉理工大学等高校根据国家和社会的要求以及自身实际纷纷制定章程制度，明确大学的办学理念、办学目标、理想追求、办学精神、管理体制、行为范式及各项重大规则，对在校师生的行为规范做出明确的指导，完善高校自主管理、自我约束的机制。

校园各主体联动，形成一种动态的校园管理服务机制，制度文化的群体性使校园文化本身对群体中的每个人都具有规范作用。在整个联动管理机制中，在校师生的任何行为都有章可循，有"法"可依，在一定程度上为大学校园文化育人提供保障。

（五）师生课余生活日益丰富

当代大学生综合素质的培养和提高，不应只局限于理论课堂，课外活动对身心发展也有不可忽视的作用。校园文化活动具有生动活泼、形式多样、调动性强、参与性强的特点，多元文化活动的开展，可以丰富师生的课余生活和娱乐生活，从贴近师生的生活与学习实际出发，使在校师生更心甘情愿、自觉主动地接受教育，在耳濡目染中受到熏陶，达到的效果往往更佳。

在满足师生文化需求的同时，结合文化活动的内容和价值导向，引发师生对自身认知和行为的反思，促进师生在活动中知行合一。广大师生在自己喜闻乐见的文化活动中亲身感受教育内容，提高内化教育内容的效果。例如，加入"格桑花""冯志兵爱心社""青志协"志愿服务团队，参加"学雷锋""学马列·读原著"研讨会、大咖讲座、学术沙龙，参观校史馆、博物馆、"红色遗址研学"，参加辩论赛及学校各大社团定期的活动等，师生在走出课堂、走出校园踏上志愿服务的征程中培养团队意识和奉献精神；在捐献爱心和帮助贫困弱小的过程中，体验基层生活的冷暖；在大咖讲座和学术沙龙中，学习、模仿、领悟大咖的思维方式、看问题的角度及问题意识，提高自主创新能力；在参观博物馆、校史馆的过程中加强对学校发展历史的认知进而增强归属感和认同感；在读书报告会上通过分享自己所看的好书，看别人看的书，学习看书做读书笔记的方法增强对学习的兴趣；在红色革命遗址研学期间，回顾历史，感受革命先辈不屈不挠的奋斗精神，强化爱国主义情怀和践行中国特色社会主义事业的使命感；在辩论赛与其他同学"争锋"的过程中提升辩论能力；参与社团组织的各种活动，提高学生参与热情、积极性及组织管理能力、与他人团结合作的能力等。

多元的文化活动可以丰富师生的课余生活，师生在参与这些文化活动的过程中，能够锻炼自身能力、提高综合素质。

二、高校校园文化建设存在的问题

（一）大学生爱国主义教育存在的问题

爱国主义教育已经不再是新颖的教育目标，由于受多方面因素的影响，现阶段大学生爱国主义教育工作仍然存在一定问题和不足,这些影响爱国主义教育的问题应当被充分挖掘,结合实际情况设计个性化解决策略,进而提升爱国主义教育效果。

1. 缺乏多元化爱国主义教育方法

以往的大学生爱国主义教育工作多数以讲座、宣传活动等形式开展,不仅教育形式比较单一,同时这种形式并未得到学生的重视,导致教育效果不理想。传统教育方式中讲座等方法的运用固然具有多项优势,但是在具体运行和推进过程中,教师会发现,仅仅通过单一化教学方式进行大学生爱国主义教育,是不利于提升爱国主义教育效果的。因此,缺乏多元化爱国主义教育方法,是导致当前大学生爱国主义教育效果不理想的主要原因。

2. 缺乏时代性爱国主义教育内容

针对大学生开展爱国主义教育工作,应当符合社会发展背景,结合社会热点新闻等多元化元素开展教育工作。目前大学生爱国主义教育工作依然延续传统的形式和内容,缺乏时代性、创新性教育元素,而传统单一化的教育内容对于大学生而言属于老生常谈的学习内容,不仅不会引起学生的学习兴趣,还不会达到既定的教育目标。同时在目前的大学教育工作中,缺乏有效的教育方案,进而导致爱国主义教育工作在大学阶段开展效果不理想的问题出现。

3. 缺乏创新性爱国主义教育方案

爱国主义教育工作应当以完整的教学方案为基础,教师在设计爱国主义教育方案期间,不擅于以创新的方法和内容对学生开展教育工作,进而导致大学生对爱国主义教育学习兴趣和积极性偏弱的问题出现。

4. 缺乏将爱国主义教育与校园文化有效结合

爱国主义教育工作通过校园文化形式进行传播是极为有效的方法。就目前大学爱国主义教育工作内容和教育形式观察发现,很多学校未能将爱国主义教育与校园文化进行有效结合。校园文化的建立要以多项内容和发展目标为核心,其中爱国主义教育的融入是必不可少的元素,更是发展学生综合素养的主要途径。

(二)校园物质文化建设存在的问题

1. 大学生主体性缺失

大学校园物质文化的建设离不开大学校园的主体,即大学生。大学生本身是大学校园文化的建设者和接受者。学生主体是教育学中的一个重要命题，它表明学生才是教育过程中的原动力和根本。但是目前，大学生主体性出现了危机，具体可体现在以下两个方面。

第一，对于大学而言，以育人为本的大学理念并没有体现出来，也没有把学生的主体地位凸显出来。前耶鲁大学校长斯密德特曾说过："学生就是大学。"这也就是说要以学生为主体，以学生为中心。但是随着21世纪大学的竞争日趋激烈，高等教育迅速扩张使得大学以学生为主体的理念只停留在表面，大学生切实的需求尤其是精神上的需求得不到满足，学校其实是为了满足社会本位而舍弃了学生本位，使得大学生的个性品质得不到应有的重视和发挥。

第二，大学生普遍存在主体性游离的问题。其具体可表现在两个方面：一方面，大学生的主体性缺失；另一方面，大学生的文化主体意识淡薄。高校中的管理者、教师群体是校园文化建设的主力，在一定程度上发挥着主导作用，但是我们恰恰忽视了广大学生群体的主体性作用。大学生主体性的缺失使得大学生参与校园文化建设时没有了积极性和创造性，失去了应有的青春活力。

从本质上说，学生的文化需求是校园文化建设和发展的动力，学生文化需求的可能性和现实性直接影响着校园文化建设的发展走向。大学生具有一定的自我控制能力，可以在校园实践中正确地认识自我，同时也在实践中发挥着文化主体的作用，是校园文化的物质承担者。但是许多学生没有意识到自己的主体性，反而在学校期间脱离学校物质，与学校成为"最熟悉的陌生人"。师生关系、学校与学生关系疏离的现象导致大学校园文化失色。文化主体意识是指在文化比较视野中形成的以对本民族文化的地位、功能、价值的自觉意识为核心，同时兼顾对其他文化以及各种不断新生文化的文化意识。文化与道德有着紧密的联系，现阶段在深刻的校园文化问题的背后隐藏着大学生道德价值目标紊乱的问题。

2. 校园物质文化能量失衡

学校文化建设不是在真空中进行的，若不能恰当地把握学校内部物质文化的影响，则很容易造成物质文化的能量失衡。当前大学在校园物质文化的建设中矛盾重重，其中较为突出的一点就包括校园物质文化的快速建设与大学的内外职能以及大学内涵的不适应性。

在学校文化建设中，一方面，学校依据既有的路径对原有的校园文化进行建设，放慢了大学发展的脚步，大学往往流于形式而被动地去投入人力、物力、财力，反而达不到对大学校园物质文化的内涵式开发，不能发挥好传播知识、培养人才的内部职能；另一方面，大学为了能够适应不断变化着的社会物质的需求，追随社会的变革，使校园文化仓促前进，最后反而不能够迎接新的挑战。更何况经济紧缺的大学得不到更多的资金支持，也就不能在校园文化方面进行更多的投入，校园文化建设则更加微乎其微。

也就是说，大学在校园物质文化的建设中没有处理好变与不变的关系。虽然大学在寻求改变，但是力不从心、缺少创新，没有对应有的中华民族传统文化以及校园本身的文化进行传承与发展，没有帮助大学生真正意识到大学文化的力量以及对自身身心的影响，也更没有将社会主义核心价值理念与本地的民族文化物质融入校园中，从而真正地发挥好服务社会的职能。而不变的恰恰是大学的精神，它是蕴含于学校发展中最稳定、最持久的校园精神。不管大学校园文化如何建设，都应该围绕大学精神这一关键核心，它犹如一根红线贯穿于校园文化的全部内容中。

没有大学精神的指导和支撑，校园文化尤其是校园物质文化就是浮夸的、散乱的、低层次的。但是，现在的大学校园文化建设恰恰忽略了大学精神的塑造，把大量精力都投入拼速度、拼规模、拼人才中，这就导致对大学内部生命力量支撑的大学精神投入甚微，校园物质文化最能够明显反映出这种不平衡的现实问题。

3. 校园物质文化建设的功利性与行政化

当前我国高校的大规模扩招政策使得有些高校开始纷纷大规模地兴办校区或者对旧校区进行改造，但是修建大楼的目的并不是仅仅给大学生创造一个优良的校园物质文化环境，也不是仅仅要提升学校的硬件设施，而是很多高校想通过这些高速修筑的景观、大楼吸引学生，扩大自己的生源，或者盲目攀比，与其他高校展开竞争，这使高校校园文化建设带有了一定的功利性。高校社会本位的教育价值观占了主导地位，把教育为社会服务、为经济服务的功能放在了第一位，市场经济体制使高校校园文化建设走出了"象牙塔"，盲目地建设校园物质文化可以提升自己的知名度、增加就业，而不是为了学生自身发展的需要。

另外，有些高校学生也带有了功利主义的色彩，其价值取向、价值目标以及价值的实现都带有功利性。一些大学生只注重个人价值的实现，做事求学只为今后的工作和地位。同时，这些大学生忽略了社会价值，缺少奉献精神，只讲究个人的需要与满足。在价值的实现上甚至出现了破坏正常的自然和社会物质去达到自己应有的目的。所以，无论是大学还是大学生，都不约而同地走向了形式主义的深渊，根本没有从大学本应有的价值出发去建设校园物质文化，校园物质文化必然带有了形式大于内容的特点，这就导致大学失去了应有的品格。

大学的行政化也是一直以来大学首要解决的困境。在我国，大学总体上是一种以行政为主导的组织，目前来看，大学的行政化涉及大学的性质和功能等问题。首先是学术权力与行政权力的关系。我国高校的行政权力占主导地位，在高等教育大众化阶段，有些大学甚至成了政府缓解生产力不足的场所，政府成了高等教育的主要决策者，从学位授予到课程设置大多由政府主管部门决定，这就导致大学创新精神的磨灭和学术动机的不端。其次，政府的教育行政机构与高校内部的行政体系连接起来，贯彻执行政府下达的命令。高校经费来源主要依靠政府的财政拨款，这就导致财政拨款的份额不均，政府只重点扶持我国的重点高校而对普通高校支持甚微，反映到校园文化中就是不同类型高校的校园文化建设的水平和效果相差很大。

大学存在状况的好坏与运行效果的好坏与大学高度的行政化密切相关。如果政府不适当放权，那么大学就不能成为自由开放的教育场所，学生也就不能形成真正的、自由的良好风气，教师也就不能够在这样的不受体制束缚的物质文化建设中心无旁骛地搞科学研究和发挥育人功能，高校也就不能自主地发展，建设自己独树一帜的校园文化，创造有自己特色的大学。

（三）校园文化活动存在的问题

在校园文化建设中，不少高校出现冷热不均的现象：①程式化热，创作创新冷。近几年来，反复出现在校园里的一些文化艺术活动，形式上虽然多样，但缺少必要的创新，内容上虽丰富却缺乏独到的创作。②追求共性热，挖掘个性冷。从涉足的文化领域来看，人文社科类较多，科学技术、专业知识类较少；从学生素质培养来看，多数活动侧重能力、情趣、爱好的培养，缺少对大学生个性的挖掘。③竞赛热，合作协调冷。竞赛对大学生竞争力的培养及热情的激发确有一定的作用，过多地强调竞争会使大学生因争强好胜心理而减少了群体生活中人与人之间本该拥有的和谐与默契。新时代需要与之相适应的新型竞争关系，要敢于竞争、擅长竞争，还要善意地竞争，即在合作中竞争，在竞争中鼓励双赢。④举办热，效果检测冷。效率、效益是活动的生命线。不少高校各个层面活动繁多，活动后期总结评估不及时，大多数活动仅停留在表面的风风火火，没有按照活动的宗旨和目标及时检测、总结、调整和升华。⑤一言堂热，对话冷。大多活动界限分明，观众在台下，演员在台上，你演你的，我看我的，台上台下总有一条不可逾越的鸿沟，缺少交流和沟通。⑥官方组织热，民间自发冷。一方面，群体是在不平等的心理气氛下服从或被动地参与官方组织的活动，缺少主观能动性；另一方面，官方组织活动精力有限，时间久了不免落入一种固定模式中，缺少创意。

三、高校校园文化建设存在问题的原因

（一）社会因素

1. 市场经济的挑战

我国市场经济的高速发展为提升中国特色社会主义文化的国际影响力奠定了坚实的物质基础。但目前我国社会主义市场经济体系还不够完善，市场经济仍然存在弊端。在市场经济条件下，为了追求利益的最大化，各种急功近利、急于求成的功利主义思想影响着人们。

从实践层面来看，若仅仅对经济存有高速发展的追求心理，则会促使思想变得畸形化。市场存在着自发性、盲目性、无序性和趋利性等缺陷。由于文化有着商品属性和意识形态属性，市场的缺陷对文化市场和文化产业造成的影响会非常大。

市场主体参与市场的根本目的，就是追求最大化的经济利益，文化市场的主体也不例外，市场化带来了巨大的物化效应，必然对重义轻利、注重修养、追求崇高的中国传统文化精神，对以集体主义、爱国主义、社会主义为代表的主流意识形态产生冲击，从而制约着大学校园文化建设。

2. 多元文化的冲突

多元文化是指在人类社会信息交流日渐频繁、社会转型更替速度加快的情况下，各种文化发展所面临的机遇与挑战，其中就伴随着新文化的产生和旧文化的消失，中国已经进入多元文化并存的时代，多元文化时代给大学提供了空间和便利，但同时也带来了挑战。

在经济全球化和信息化高速发展的今天，各种思想文化相互碰撞，我国与其他国家及国家内部的交流不断加大，使人们的观念也发生改变。改革开放以来，随着广大民众自我意识的觉醒和个性的张扬，反映日常生活并广泛传播的，具有现代性、商品性、世俗性、时效性和娱乐性等特征的大众文化逐渐兴起。

目前，高校校园文化建设面临着西方文化与中华文化、传统文化与现代文化、民族文化与区域文化、主流文化与非主流文化的冲突。

3. 互联网的冲击

网络的普遍实施，给我们的生活、学习、工作等提供了一个具有新视野的积

极的文化交流和传播平台。但同时，网络使整个世界成为一个地球村，打破了传统国家的地理概念，使得广大网民，特别是青年一代的国家感、民族感淡化。

由于网络具有高度的开放性，以至于会出现巨大的虚化效应，使得网民更多地通过网络社区和虚拟关系进行交往，文化主体性逐步丧失和消解，个人成为高度支配自我意识的主体，个人价值得到前所未有的彰显，集体归属感减弱，这容易导致个人主义、自由主义、无政府主义等不良观念的出现。

4.高等教育大众化的冲突

20世纪末，国内各类普通高校的招生规模扩充，这使很多学生迈入梦想的学府，学生的数量不断增多，学校建筑物等诸多物质层面的建设亟须增多，教师的队伍也变得日益壮大，政府投给学校的资金也在增长，社会也予以更高的关注度。但是投入和增加未能赶上发展的需要，许多大学仅在重点项目上投放资金，即物质层面的投入增大，如基础性的设施建设增多，但在精神文化上的侧重和投入则较薄弱，还有些大学对本校所担负的教育任务都很难完成，很难培养出对社会有用的人才。

大学扩大规模招生，学校的学生及相关人员增多，来适应学校的发展速度。这就导致校园文化建设和思想政治教育都会面对许多问题。部分大学在面临问题时，没能对时局做出准确的定位，在开展校园文化建设的过程中，继续使用没有变化之前的旧手段，明显可以看到这些方法不能够与现在变化后的校园相适应，也就不能满足增长后学生的需求。同时，在大学招生不断扩大的情况下，必然会出现学生的能力和素质相差比较大的情况，也就使得他们对校园活动也存在差距，使得校园文化建设的难度增加。

（二）学校因素

大学的扩招，致使部分大学的老校区已经容纳不下更多的学生，多个大学都有了自己的新校区，同一个校园文化建设项目在不同的校区实施，由于工作没有得到有效协调，使工作的时效性降低，多校区由于距离和人员配备上也不能很好地兼顾。学校自身的特色不鲜明，只是盲目地照搬照抄，对学校文化建设的重点和难点没有进行很好的把握，甚至对精神文化没有充分的认识，学校机制不够完善等都阻碍着高校校园文化建设的发展。

高校肩负着培养社会主义接班人、培养社会主义文化强国的中坚力量、培养实现中华民族伟大复兴脊梁的重任，然而，部分大学存在的课程设计不合理、教学内容缺乏针对性、文化实践活动的缺失等校园自身问题，是导致大学生文化自信缺失的直接原因。如部分大学没有开设中国传统文化选修课程，更没有将传统文化教育纳入课程教学中。或者即使开设了中国传统文化选修课，但也是教育形式过于单一，并且与大学生的现实生活相脱节，造成中国传统文化教育流于形式、走过场，难以引发大学生的共鸣，致使大学生对中国传统文化了解甚微，消解了大学生对中国传统文化的兴趣，从而致使大学生缺乏中华民族传统文化的自豪感，严重影响大学生高度的文化自信的形成。大学生是大学校园的主体，是大学校园文化建设的建设者，大学生自身的文化自信，直接影响着高校校园文化建设。

（三）个体因素

以文化自信引领大学校园文化建设，大学校园个体是关键。高校校园个体是指大学里的所有人，即大学生、教师、职工等，他们的思想价值观直接影响大学校园文化建设。

1. 部分大学生缺乏主观能动性

每个大学生的自身文化素质都是有所差异的，进而不仅在文化自信的认同上不同，而且对其接受能力存在差异。因此，大学生自身坚定文化自信引领大学校园文化建设的主观能动性的发挥程度就不一样。唯物辩证法认为，事物的变化和发展根据内因而定，外因是从条件层面促使事物发展的，外因的效用借助内因发挥出来。因此，大学生自身主观能动性和他们自身素质对文化自信融入高校校园文化建设的内涵理解的不同，导致呈现的效果截然不同。每个大学生从小到大的生活环境、家庭环境、不断变化的学习环境等都不一样，这使他们成为具有独立性人格的人，他们自身所形成的道德认知、辨别是非能力、文化底蕴认知、思想价值观等都是独立的、不一样的。一些文化素养较高、认知水平较深的大学生对文化自信的认识就更加客观、准确、全面，就能很好地运用文化自信引领大学校园文化建设，使校园文化实现全面发展；还有一些文化素养较低、认知水平较低的大学生对文化自信的内涵理解程度较弱，在以文化自信引领大学校园文化建设上欠缺一些文化功底。在信息大爆炸的时代，各种文化思潮的碰撞，获取信息的渠道，以及信息的真实性等，使得大学生个体比较浮躁，不能沉着冷静、虚心、耐心地去主动地学习科学文化知识。

大学生对事物的辨别能力较弱，缺少一定的自控能力，缺乏学习的主观能动性。在大学四年的学习生活中，有的学生搞不清自己的专业方向，对自己的专业基础理论学习不认真，更没有认真系统地学习有关马克思列宁主义理论的知识。大学生的思想观念逐渐成熟，有自己的价值观、人生观和世界观，一旦形成了一种思维方式，想要转变就很难了。少数学校弱化了大学生的马克思列宁主义理论素养的学习和理论思维的培养，这些问题在一定程度上影响着大学生自身的文化自信，大学生自身的文化底蕴直接影响着大学校园文化的建设。

2. 少数教师不够重视对大学生文化自信的培养

"良好的教育，需要有优秀的教师进行教授"，社会主义文化自信的交融，需要广大教师领头示范。教师的自身素质主要包括教师自身的马克思主义思想、列宁主义的理论知识水平、教师个人的道德素质的榜样作用、思想政治理论教师所拥有的自身职业道德。在进行校园文化自信建设教育活动时，教师自身所拥有的文化自信理论水平，决定着学生对校园文化自信的认同程度。而拥有较高思想政治理论的教师，其所拥有的专业理论知识，在教育学生对文化自信的认同性中，占有较高的影响因素。

大学思想政治理论课是培养大学生文化自信的主要渠道。然而，还有少数大学教师只重视专业知识的教学，忽视大学生的思想政治教育和文化素质教育，造成了当代大学生文化素养教育的缺失；少数思想政治理论课教师没有将社会主义核心价值观真正融入教育教学之中，思想政治教育的内容往往与大学生利益缺乏内在联系，致使以爱国主义为核心的民族精神没有内化为学生的信念，以改革创新为核心的时代精神没有外化为学生的行动。这些都引发了青年大学生文化自信培养的空乏无力，由于大学生是大学校园的主体之一，是大学校园文化建设的建设者，大学生文化自信直接影响着大学校园文化建设。

第三节　高校校园文化的发展趋势

一、高校校园文化发展的逻辑趋势

（一）文化共生——校园文化健康发展的前提基础

文化共生的前提是文化的多元共存，多样文化的紧密联结和共栖既是实现我国大学文化生态系统健康良性发展的基础条件，也是大学文化形成和发展的先决因素。任何一种文化的产生都离不开它所依存的生态环境，大学文化是中国社会转型背景下大学顺应各种环境条件变化而进行自我改革调整的产物。

作为一种全新的大学文化类型,大学文化与其他类型大学文化共同建构了我国大学文化的有机生态系统。不同类型院校的大学文化丰富了我国大学文化这个大的生态系统,它们之间既各自独立又相互关联,推动着不同类型大学多元文化和谐发展。从这个角度来看,大学文化也是我国大学文化最重要的组成部分,是我国大学文化多样性的重要来源。因此,发展大学文化就是维护和延续我国大学文化持久的生命力,而这也正是大学文化形成和健康发展的前提基础。

(二)文化协调——校园文化稳定发展的重点关键

从文化生态学的视角来看,大学文化是一个有机的生态系统,具有天然的自我调节机制。当大学文化内部生态系统与外部生态系统之间或者大学文化内部各生态子系统之间物质和能量的输入、输出基本接近乃至相同时,该系统会保持一种平衡稳定状态,对于外来的一些干扰因素也能通过自我调整,恢复到原来的共生的有序平衡状态。当外来的干扰因素超越了大学文化系统自身的调节能力时,调节机制就会失去作用,系统原本的平衡协调状态也会遭到破坏,陷入失衡状态。只有内外各生态因子协调一致,才能保证大学文化系统的平衡,促进其整体功能的发挥。

(三)文化再生——校园文化创新发展的重要保障

文化生态学认为,文化生态系统由于外部文化因子的引入以及内部文化因子的变异,时常处于动态变化中,其发展变化遵循"稳态延伸—文化失衡—文化制衡—文化再生"的途径。

一方面,文化在传承过程中随着外部社会政治、经济等生态环境的变化呈现出继承性的进化,即对旧的文化因子中合理因素的继承和对新的文化因子的吸收和融合;另一方面,文化在对外传播扩散过程中遭遇外来文化的排斥、抗拒,继而相互之间不断同化和兼容,最后产生新的文化因素,在暂时破坏文化生态系统稳定状态的同时,也会通过新的文化因素,经过文化再生形成新的稳定系统。正是这种从"平衡"到"失衡",再到"再平衡"的循环发展模式推动着文化系统的创新,使文化生态系统保持持久的生命力。

大学文化发展同样遵循一般文化生态系统创新发展的客观规律,在文化转型和化解文化生态系统失衡带来的文化危机过程中,通过剖析借鉴多元社会文化、特色地域文化和产业文化的精髓,不断同化、涵化、本土化,形成内涵丰富、个性鲜明的新型大学文化，在文化再生过程中实现文化创新，从而保障文化系统的持续平衡和稳定。

二、高校校园文化发展的理念趋势

根据文化生态学基本观点，推动大学文化发展的关键在于转型发展历程中维护文化生态系统的平衡、稳定。事实上，转型带来的种种文化失衡和危机是文化系统与环境之间的作用关系发生改变、失去生态整合与平衡的体现。

如果大学能够对系统内部各文化因子以及系统与外部环境诸要素之间的联系进行周密的制度安排与设计，使系统由非平衡状态向平衡状态演化，同时保持与生态环境动态平衡的共生关系，则其文化系统能得以创新发展；反之，则其文化系统失去活力，致使大学文化功能的发挥受到严重影响，进而制约大学乃至社会的发展。因此，保持大学文化正常发展应坚持以下基本理念。

（一）整体、协调性发展理念

大学文化是一个复杂的由多个要素结合而成的有机系统。其发展一方面受内部精神文化要素、制度文化要素和行为文化要素等各种复杂变量的相互作用和演变的影响；另一方面，与其外部环境系统相互依存、共存共生，因此运用系统、统筹的方法对应用转型历程中的大学文化系统进行整体把握，保持内部系统各文化要素以及与外部生态环境的协调发展至关重要。

要合理界定现代社会文化、地方文化、产业文化以及学校历史积淀中的传统文化等多元文化要素在学校文化转型发展中的地位和作用，并对由文化转型带来的整体系统与要素之间、各文化要素之间、系统与环境之间的冲突和矛盾进行综合性考察，从而实现"各要素及主体的有效整合与协调管理，形成共同推进文化建设的协同效应"。

（二）多样化平衡发展理念

文化本身就具有多样性的特征。从我国大学文化生态圈来看，大学文化并不是孤立存在的，它们是我国高等教育结构调整背景下大学文化体系的有机组成部分，在维护我国大学文化的完整性和大学文化生态的平衡和稳定中起到重要的作用。忽视大学文化的独特性和不可替代性，将会对当前整个大学文化生态系统造成冲击，致使大学文化链中某一环节消失，最终导致我国大学文化系统平衡状态遭到破坏。

从大学文化内部系统来看，大学因自身不同的文化历史积淀和地方历史文化浸润而呈现出不同的本体文化特色。在转型发展过程中，正是个性鲜明、特色明显的不同大学文化之间的不断碰撞和对话，才使得大学文化在取长补短的过程中得到发展和延续，并使大学文化生态系统不断保持新的活力。因此，只有传承好大学的核心文化，并在转型中积极发展个性文化，才能维护好自身所处的文化生态环境，使其保持多样、平衡发展的状态。

（三）动态化、开放发展理念

大学在应用转型过程中，其文化生态系统因外部社会文化和产业文化的引入以及大学文化发展目标的转移而处于不断地动态变化中，系统内的文化主体、载体和文化发展的轨迹需要顺势而为，通过自身的改变达到与系统的平衡协调。因此，大学要发展优秀大学文化，必须随着社会的开放程度而不断开放自己，从而提升大学的核心竞争力。

三、高校校园文化发展的呈现趋势

作为育人的重要方式和手段，校园文化的建设与发展将作为战备任务被纳入高等学校建设与发展规划中，高校将进一步加强校园文化的整体规划和资金投入，尤其是更好地完善校园管理文化，从而促进校园文化的建设。同时，校园文化日益呈现多元化发展趋势。

（一）自我展示方式多元化

大数据平台丰富了学生展示自我的方式。网络阅读降低了大学生的阅读成本，满足了大学生的阅读需求，使大学生更加方便地进行阅读，提高自身的人文素养；微信、微博的广泛运用，拓宽了大学生的思维视野。

另外，大数据时代每个大学生都可以创建自己的自媒体平台，大数据平台为每个人提供了平等的空间。当前的自媒体平台，配有完善的数据分析系统，大学生可以利用大数据的优势，帮助自己实现自我认知的提升，提高自身创作水平。各类自媒体平台，引导大学生开启内容创业之旅，同时营造了积极开放、创新有为的校园文化氛围。

（二）校园社交方式多元化

QQ、微信、微博、校园论坛等社交软件的出现，极大丰富了大学生的社交方式。QQ、微博、微信的交互性等特点与大学生活跃性、参与性强的特点相契合，在大学生中应用广泛。大学生可以通过社交软件，自由表达个人心情，发表个人评论，展现个人生活，在朋友圈转发信息。

大学生既是大数据时代信息的接收者，同时又是信息的制造者和传播者。他们自由表达观点，传播价值观念，成为校园红人。大数据时代为大学生提供了展示平台，在一定程度上，大学生意见领袖也是大学校园文化多元化的一个鲜明体现。同时也说明，校园社交平台上的文化氛围，展示了校园整体文化的一个侧面。

（三）获取信息方式和种类多样化

来自不同主体、不同渠道的信息集中于互联网、微博、微信、手机客户端，大学生可以自行选择不同的方式进行信息的获取。庞大的信息流催生了大数据，大数据的产生又反映出各种行业的发展规律和发展趋势，对于校园文化来说，信息和数据的多元化有以下两个方面的影响。

一方面，信息和数据的多元化为大学生提供了快捷的信息服务，大学生可以充分利用网络授课和学习资源，提升自我的专业素养。大数据时代为大学生提供了个性化指导，学院网站的在线课堂可以利用大数据分析，科学研判学生对什么课程感兴趣，对什么课程不感兴趣，可以从智能手机、互联网等终端数据分析大学生学习效果和情况，针对不同的学习需求，开发出更多符合大学生兴趣爱好的教育资源，为大学生提供个性化指导，提高课程的有效性。对大数据的有效利用，可以最大限度地避免资源浪费，实现智能化教学。

另一方面，良莠不齐的网络信息数据，也潜移默化地影响着大学生的思想观念，尤其是一些西方意识形态的渗透，以及低俗信息、虚假信息，容易使大学生受到不良影响。

第三章　高校校园文化建设的理论建构

随着高等教育的迅速发展及对其改革的不断推进，高校特色校园文化建设日益受到人们的关注。高校校园文化建设是高校实现科学发展、和谐发展和创新发展的基础。要想实现新时期高校校园文化建设的顺利和有序开展，就必须对高校校园文化建设进行理论的探索与建构。本章分为高校校园文化的理论定位、高校校园文化的实践功能、高校校园文化的目的指向三部分。

第一节　高校校园文化的理论定位

一、马克思主义经典作家的文化观

（一）马克思、恩格斯文化理论

首先，对文化发展体现的历史性、时代性予以了明确。马克思表明：应立足于历史考察角度对物质和精神之间存在的关系进行研究，而不是一般范畴。并且，恩格斯也表明："不同历史阶段的经济生产和社会结构，属于此阶段政治与精神的基础。"立足于此我们能够认识到，时代条件会在一定程度上对文化发展产生影响，对此我们需要对所处时代进行分析，才可以明确文化和经济存在的关系。其在特定条件中，涉及时代性、历史性。在不同时期，文化会出现不同的变化，时代推动了文化的发展。因此，在研究文化的过程中，需要将社会形态变化作为基础，结合不同历史时期形成的影响，对其形成和发展的年代进行分析。要想增强文化建设效果，应持续地进行创新，满足历史发展的需求。

其次，阐明了文化与经济基础之间的一种互动的关系。文化是促进社会发展的主要动力，为我国特色社会主义文化自信予以了充分指导，将其文化理论纳入我国文化自信理念中，是新时代下坚定文化自信、繁荣文化发展必须持有的态度。

在马克思主义文化理论继承与发展方面，习近平的文化自信理念是始终以马克思主义为指导，坚守中华文化主场，立足当代中国现实，结合当今时代条件，发展面向现代化、面向世界、面向未来的、民族的科学的大众的社会主义文化，推动社会主义精神文明和物质文明协调发展。

最后，马克思与恩格斯十分关注人的全面发展，人的发展属于社会发展的构成部分之一。由此可见，他们将人的综合发展作为基础，重视进步和发展，并将人的个性发展作为重点，就像恩格斯说的那样：文化方面出现的进步，均属于向自由前进。受个性发展的影响，人会在不同领域之中进行全面发展。

同时，他们还十分关注调动人的主观能动性，人对世界进行认识以及改造时，会坚持物质决定意识、意识则对物质拥有能动反作用的观点，即历史唯物主义。所以，人在发展方面，表现为对世界进行持续的认识与改造，对问题进行探究，只有结合理论和实践，我们才可以对事物进行更好的、更全面的认识，从而促进事物的发展。

（二）列宁文化理论

1. 无产阶级文化和人类社会文明成果的关系

列宁指出，立足于世界进行分析，马克思主义属于一个十分伟大的体系，这主要是由于其除了未抛弃资产阶级获得的成就之外，还对对人类有价值意义的相关思想进行了批判以及继承。基于此，无论何种文化均不可能独立存在，而需要将传承和发扬作为基础进行发展，因而文化存在着历史传承性的特点。

2. 通过批判态度对各类优秀文化成果进行继承与发展

对于列宁提出的革命思想而言，表现为进步的文化，结合此点进行分析能够将列宁具备的文化自信展现出来。我们应立足于批判态度对外来文化进行优化，汲取优点。对于苏维埃政权而言，其在刚刚建立的时候，反马克思主义思想的声音巨大，此时列宁就提出批判继承外来文化与传统文化，学习其具有价值和意义的内容，消除腐朽的地方，并推动拥有苏维埃政权特点的社会主义文化发展。

3. 注重推动文化教育事业的全面发展

俄国十月革命胜利后，列宁意识到了社会发展过程中文化所具备的重要作用，要想对科学文化知识予以全面的传播，应通过各类知识分子以及专业人员引领各个行业进行发展，推动国家能力的提高。并且，列宁还十分注重教育发展，要想提升民族文化水平，应凭借知识来进行推动。所以，列宁提出的文化建设思想发挥出了理论指导作用。

二、中国传统的文化观

自党的十八大以来，习近平总书记反复提到中华优秀传统文化的思想内涵、道德精髓、现代价值和传承理念，如此便形成了系统的传统文化观。一个国家与民族的发展，将逐步形成传统文化，不仅是历史上的积淀，也是精神上的凝聚。我国传统的文化观带有强烈的民族性、地理性和时代性特征，属于文化遗产中的重要组成部分，要想推动传统文化的进一步发展，需要不断提升文化自信。在传统的文化观中，通过物质、精神等的整合与凝结，表现出极强的民族认同感，在潜移默化中对人们的言行产生影响，促使群众爱国主义精神与集体主义意识不断增强。传统的文化观通过大量实践不断发展而成，其民族性特征非常鲜明，能够发挥一定的教育与动员作用。此外，传统的文化观也能够促进我国文化软实力的提升，增强人们的团结与凝聚意识，从整体上提升我国的综合实力。坚定文化自信，有利于更好地传承传统文化。

三、中国共产党的文化观

（一）毛泽东的文化观

1. 经济、文化以及政治之间的关系

毛泽东对马克思提出的唯物史观之中包含的各类原理进行了继承，上层建筑与经济基础分别为被决定与决定、反作用和作用的关系。毛泽东在《新民主主义论》中对三大纲领进行了阐述，即文化、经济、政治，其中文化属于重点，他指出："一定的文化是一定社会的政治和经济的反映，又给予伟大影响和作用于一定社会的政治、经济。""经济是基础，政治是经济的集中表现。"对于新中国之中包含的"新"而言，毛泽东指出除了需要涉及新经济与新政治之外，还需要囊括新文化。对于新文化而言，其存在着文明性、先进性的特点，得到了人民的认同和肯定。经济建设质量的提高必定会推动文化建设的发展，毛泽东预想过：中国人身上不文明的标签已经去除了，我们会凭借全新的姿态屹立在世界。文化能动所包含的反作用在革命过程中得到了体现，毛泽东十分注重武装斗争，同时也极其重视文化斗争以及建设，其对革命文化给予了肯定，表明革命文化属于推动革命发展的武器之一。

另外，毛泽东还指出了笔杆子与枪杆子进行结合的重要性，表明只是凭借拿枪的队伍难以取得最终的胜利，还需要组建文化队伍。

2. 注重军队思想文化教育

毛泽东指出，需要将军队转化成学政治、学军事以及学文化的一个学校。在根据地中，通过文化教育推动人们政治、文化水平的提高。为政治提供服务属于苏维埃文化的主要任务之一。在抗日战争即将结束的阶段，毛泽东曾提出，生产属于战争之后的重要任务，文化其次。"没有文化的军队是愚蠢的军队"，同时也无法战胜敌人。毛泽东指出，需要在解放区构建文化统一战线，引导群众对各类封建迷信传统思想进行消除，对旧私塾进行全面的改造，构建学校，并且文化教育工作应结合人们的自觉、自愿原则，立足于对群众需求、觉悟进行掌握的前提条件，开展改革活动。

3. 和传统文化地位相关的思想

年轻时期的毛泽东受到了传统文化教育的影响，阅读了大量的传统经典，进而对其国学根基予以了夯实。哪怕是马克思列宁主义进入中国之后，他仍然十分注重传统文化。给历史一定科学的定位，不能颂古非今，只有批判地进行继承，才能够推动传统文化实现良好的发展。毛泽东还提出："从孔夫子到孙中山，我们需要进行全面的总结，对珍贵遗产进行继承。"

由此可见，毛泽东十分尊重传统文化，认真地对待传统文化，虽然传统文化存在着部分不足之处，但其优点值得我们传承和发扬。针对外来入侵人员，抗日战争白热化时，毛泽东凭借民族自豪感、自信心等，带领人民坚持斗争最终获得胜利。他说："中华民族有同自己的敌人血战到底的气概，有在自力更生的基础上光复旧物的决心，有自立于世界民族之林的能力。"

（二）改革开放以来中国共产党领导人的文化观

在毛泽东文化理论基础上，基于我国实际情况及社会发展现状所出现的新问题和新情况，邓小平提出了新的看法。他指出，我们在高度物质文明建设的进程中，应注意增强全民科学文化素养，提供绚丽多彩的文化生活，构建高度的社会主义精神文明。同时，他提出了精神文明与物质文明"两手抓"的做法，有力地促进了我国社会主义文化建设。

另外，邓小平反复指出了文化在社会发展进程中发挥着重大的作用，应积极培养"四有新人"，制定了经济、政治、文化"三位一体"发展战略。改革开放所取得的优异成绩证实了邓小平理论的先进性，为我国文化建设提供了充实的物质保障，其所提出的文化发展理念有力地促进了文化现代化发展进程。中国特色社会主义文化自信中，开放性、包容性则是继承与发扬了邓小平文化理念。

江泽民提出，构建中国特色社会主义文化，必须坚持马克思列宁主义，培养"四有"公民，促进社会主义文化发展，促使其成为世界的、未来的、科学的。同时，他认为，社会主义文化建设，应严格按照先进文化发展趋势，积极迎合群众所需。这一理念为当时文化建设提供了有力指导。纵观文化发展历程，他所提到的党的先进性还表现在始终代表中国先进文化的前进方向上。

随着科学技术的日益发展和各国之间的密切交流，我国文化建设迎来了难得的发展机遇。针对这一形势，胡锦涛反复强调要加强国家文化软实力，积极继承与发扬传统文化，吸收外来先进文化。在社会主义建设进程中，胡锦涛提出了"以人为本"的科学发展观，指出人才是文化繁荣发展的关键所在。以马克思主义群众理念为指导，他提出了文化发展必须依靠群众的力量，为社会大众创造便捷的分享平台，激发群众参与积极性，进一步丰富文化宣传方式，积极迎合社会大众所需的精神文化。胡锦涛的文化科学发展及社会主义荣辱观，是中国特色社会主义文化自信建设的重点，丰富了我国文化建设的内容。

（三）习近平的文化观

自党的十八大以来，习近平总书记积极吸收与借鉴马克思主义文化理论及成果，不断地强调必须坚定文化自信，并深入剖析了文化自信这一内容，构建了丰富的自信理念，有力地促进了文化事业的发展。

1. 中国梦、社会主义核心价值观、人类命运共同体

习近平总书记认为，中国梦和我国传统优秀文化之间存在着紧密的联系。在中共中央政治局第十三次集体学习会中，习近平总书记表明一个国家具备的文化软实力，与其核心价值观的生命力、凝聚力、感召力等之间存在着紧密的联系。同时，在阐释人类命运共同体的科学内涵时，表达了在文化方面要在交流互鉴中共同发展。

2. 文化的创造性发展及创新性转化

习近平总书记曾说过："要处理好继承和创造性发展之间的关系，重点做好创造性转化和创新性发展。"并且还表明了我党对待传统文化的态度，以及"两创"的方针。对于创造性转化而言，是指结合时代特点以及要求，改造具备学习价值

的内涵、表现形式等，使之具备新时代的特点，提高生命力。对于创新性发展而言，表现为结合时代进步，补充、扩展、健全我国优秀传统文化包含的内涵，推动其感召力以及影响力的提高。

另外，习近平总书记指出："对历史文化特别是先人传承下来的价值理念和道德规范，要坚持古为今用、推陈出新，有鉴别地加以对待、有扬弃地予以继承，努力用中华民族创造的一切精神财富来以文化人、以文育人。"

3.立足于独特的文化传统、历史命运、基本国情

独特的文化传统、历史命运，表明了我国需要走与基本国情相符合的发展道路。习近平总书记在全国宣传思想工作会议中对"三个独特"包含的内涵进行了阐述。不同国家或民族，在基本国情、文化传统的沉淀方面必然会存在差异，发展道路也具备自己独有的特点。中华民族的独特优势在于传统优秀文化，其属于我国最为深厚的一种文化软实力。对于中国特色社会主义而言，其形成于中华文化的土壤中，展现出了我国人民群众最为根本的意愿，并与时代发展要求相符。

第二节　高校校园文化的实践功能

一、教育功能

校园文化具有极强的教育价值，并且这种教育方式与传统的课堂教育、实践教育不同，呈现出无形性。营造良好的校园文化，组织学生开展各种各样的校园文化活动，可促使学生在参与的过程中充分挖掘自身的潜能，更好地认识世界、改造世界，最终实现学生的全面发展，有效弥补了传统课堂教学中存在的不足。

二、导向功能

导向功能是指高校校园文化对高校师生的价值观念、行为规范、生活方式和人格建构等所起的引导作用。

良好的校园文化能够对学生和学校产生正面作用，促进其朝着更好的方向发展；反之，低劣的校园文化就会阻碍学生和学校的发展。因此，高校要想真正提升人才培养质量，促进学校朝着良好的方向发展，就必须要营造出高雅的校园环境、校园氛围等，确保其与新时代下的教育相契合。

三、调适功能

调适功能，是指健康向上的高校校园文化通过为高校师生的良好心理素质、和谐人际关系以及较强适应能力的形成提供外在环境，以保障高校师生正常工作、高效学习、愉快生活与健康成长。一般而言，高校校园文化的调适功能，体现在高校校园文化对高校师生的心理调适、人际调适和教育调适等方面。

四、辐射功能

校园文化具有极强的辐射性。在通常情况下，具备正能量、具有活力的校园文化可促进社会的发展；而消极的、缺乏生命力的校园文化则会对社会的发展产生严重的阻碍。从高校校园文化本身来说，其包含的科研成果、先进技术、崇尚自由的氛围等都会对学生产生深远的影响，最终对社会的发展产生正面影响。

五、激励功能

高校校园文化实现其激励功能的过程，可以说是调动高校师生的积极性与创造性的过程。从类型上看，高校校园文化的激励功能主要包括责任激励、关爱激励和竞争激励。因此，高校不断加强校园文化建设，并对其进行正向引导，逐渐提升校园文化的档次、品质等，最终促使其在校园文化的激励下逐渐形成健康的心智。

六、创新功能

良好的校园文化具有创新功能，这是由校园文化具有创新性的特点决定的。学校师生具有强烈的创新精神、创新意识和良好的创新能力，他们既能不断地创造出新的校园文化内容、表现形式和载体，又能不断创造出新知识、新方法、新技能，推动科技、文化的不断发展。

创新性，是指高校校园文化建设要适应社会及高等教育发展的需要，不断创新文化内涵、形式、载体及管理方式。在实践工作中，高校必须加强与社会、企业的联系与交流，注重吸收、借鉴优秀的社会文化和企业文化的精髓，不断充实、创新高校校园文化的内涵，为高校校园文化引入新理念，增添新元素，注入新活力；要紧跟社会发展的步伐，主动吸收国内外先进的文化思想、文化理念以及新知识、新方法、新技能，促进校园文化的不断创新；要适应高等教育改革与发展的需要，充分挖掘校企合作的内涵和潜力，以校企合作为核心，不断创新高校校园文化的载体、表现形式和管理方式，使高校校园文化更加适应学校师生的文化需求，适应学校教育、教学及管理工作的需要，适应学生就业或自主创业的需要，更好地为广大师生的学习、工作和生活服务。

七、创造功能

校园文化建设，需要充分发挥人的主观能动性，激发人的创造潜能，变被动地接受、传播知识为主动地运用知识、丰富知识。校园离不开一代又一代有才能的人，而才能的发展，离不开人的创造活动。生生不息的创造性才能维持校园的存在，方能促进人类认识水平的提高。例如，校园文化创造性的发展使校园文化在内容与形式上呈现出既有高雅文化也有通俗文化的多姿多彩景象。这不仅进一步丰富了学生的课余文化生活，提高了学生的文化素质，增长了知识，锻炼了技能，而且拓展了学生现在和未来的生活空间，促使学生在奋发向上的氛围中具有独立性和创造性。这对沟通学生与社会的联系，对发展教育、造就全面发展的综合型人才是十分有益的。

八、约束功能

高校校园文化建设的约束功能，是指高校校园文化会通过建设一种积极健康的校园文化氛围来使高校内部师生群体自觉规范和约束自己的思维方式、思想观念、行为模式，使之契合文化建设的发展方向。

约束功能通常分为硬性约束和软性约束两种形态。硬性约束是对校园文化价值观念的规范和具体化，这种约束往往具有强制性，主要通过高校校园制度文化来表现。高校通过各种硬性的规章制度来明确约束大学生的行为模式，使学生明确可以做什么、不可以做什么，从而逐步转变约束自己的行为习惯，预防错误行为的发生。软性约束则是一种非强制性的规范，表现为高校的校风、校训及高校校园独有的大学精神、信念等在学校发展过程中形成的一种文化氛围和精神环境。

总之，高校校园文化建设可以对高校师生的一些不良思想和行为进行约束和抑制，并给予适当的引导和教育，使之朝着良好的方向发展和转变。尽管高校校园文化建设的这种约束是无形的，却是其他教育形式所不能替代的。同时，在发挥运用高校校园文化约束功能时要注意的是，对高校师生行为的约束可以有更高的要求，但对于思想的控制要宽松，否则容易束缚广大师生的思想而影响其创造能力的发挥。

九、凝聚功能

文化具有一种极强的凝聚力量。校园精神是高校校园文化建设凝聚功能的重要元素。具有无形的、强大的向心力和凝聚力的校园精神既是高校校园文化的精髓和核心，也是高校师生所认同的一种信仰和价值观念。这种校园精神往往以其强大的感召力和凝聚力将高校校园中的每一名成员紧密联结在一起，增强师生的荣誉感和归属感，使师生将学校视为自己的家园，将自我发展与学校荣辱紧密相连，从而形成强大的力量和共同的理想、信念，为学校的发展共同努力。

此外，文化建设的凝聚功能还体现在巩固现有成员、融合新成员上。良好的高校校园文化氛围可以使人处处感受集体的力量和温暖。在高校校园内，学生之间相互关怀，团结友爱；教师关心学生，以学生为本。这种环境会使人感受到校园的温馨和谐，使人产生振奋的力量。高校师生会因身为学校的一分子而感到自豪，从而形成强大的凝聚力，共同为学校的发展努力奋斗。

高校校园文化活动的开展可以增强这种凝聚功能。通过校园文化集体活动的开展，培养高校学生的团队协作精神，在文化活动中成员之间相互帮助、相互交流，有助于团队凝聚力的形成，激发他们为共同目标协作的情感，感受和认识到自己在高校校园文化建设中的主人翁地位，提高学校整体的凝聚力。

第三节 高校校园文化的目的指向

一、塑造人才

（一）最核心的目的指向是培养高素质的人才

培养高素质的人才是高等教育的核心任务。高等教育的核心任务决定了高校校园文化建设的目的指向。高校校园文化是社会主义先进文化的重要组成部分，必须为推进高等教育改革发展，为加强和改进高校学生思想政治教育与全面提高高校学生综合素质服务。

（二）在塑造人才方面具有明显优势

高校校园文化的多样性和多层次性适应了学生多方面、多层次的文化需求。

从组织单位和发生场所来看，高校校园文化包括系科文化、班级文化、寝室文化和食堂文化等；从应用结构来看，高校校园文化包括智能型知识文化、素质型心理文化、情感型审美文化、协同型问题文化和技术型物质文化等；从层次来看，高校校园文化则包括高雅文化、休闲文化等。高校校园文化的多样性和多层次性，一方面为广大学生提供了一个自我展示、自我提高和自我发展的广阔空间；另一方面为高校学生的实践志趣、爱好创新的培养开辟了新领域。这两个方面的功能扩大了学生的知识面，锻炼了他们运用知识的能力，完善了他们的道德人格，提高了他们的审美情操，增强了他们的身体素质，健全了他们的心理素质。可见，丰富多样的、多层次的高校校园文化，满足了广大高校学生的多方面文化需求，极大地促进了他们的健康成长。

高校校园文化对高校学生的发展具有积极的引导作用。高校校园文化是社会主义先进文化的重要组成部分，符合社会文化的发展方向，必然会对广大学生产生积极的影响。在新时期的高校校园中，"志存高远、爱国敬业、为人师表、教书育人、严谨笃学、与时俱进"的优良教风，被积极倡导；"勤于学习、奋发向上、诚实守信、敢于创新"的良好学风，被积极发扬；"昂扬向上、蓬勃进取、自强不息、不畏艰难、开拓创新"的崇高精神，被积极弘扬。生活、学习于这样一个唱响主旋律的环境中，高校学生就会"近朱者赤"，成为有理想、有道德、有文化、有纪律的社会主义建设者和接班人。

高校校园文化的人才塑造方式顺应了时代的发展。与其他人才塑造方式相比，高校校园文化具有灵活性、非强制性的优点。虽然现在社会上存在许多人才培训学校、基地，但其培养方式大多通过灌输的方式来完成，带有明显的单一性、一维性和强制性，难以使学员形成积极的价值认同感。即使在高校的课堂教学过程中，教学形式较为单调，教学内容较为固定的情况仍然普遍存在。这种灌输式的单一的传授方式缺乏灵活性，带有一定的强制性，从而影响了高校的育人效果。与课堂教学相比，高校校园文化的表现形式多种多样，产生影响的途径不同，并且多以潜移默化的方式来影响学生，更容易为学生所接受，更容易使学生形成共同的价值认同感和社会责任感，具有很大的灵活性。

（三）通过多种渠道实现学生的全面发展

通过高校校园文化建设，扩展高校学生的专业知识，培养他们的创新能力。高校学生只有具备扎实的知识和较强的创新能力，才能担当起神圣的历史使命，实现国家强盛和民族复兴的目标。所以在新时期，高校必须站在历史的高度，着眼于国家和社会的长远发展，着力培养具有扎实的专门知识和较强的创新能力的新时代人才。

通过高校校园文化建设，促进高校学生良好道德素质的培育和良好道德品质的形成。良好道德素质的培育和良好道德品质的形成，对于高校学生的自身完善、社会的进步、国家的强盛和民族的复兴都具有重要战略意义。为建设好高校的道德建设，高校校园文化可以通过对主旋律的积极倡导，促进高校学生良好道德素质的培育和良好道德品质的形成，发挥重要思想文化阵地的作用，从而使高校道德建设实现跨越式发展。

通过高校校园文化建设，促进高校学生体质的增强和对体育精神的领悟。作为高校校园文化的一项重要内容，体育课程、体育活动的顺利开展，体育精神的大力提倡，能够增强高校学生的体质，为正常的学习和生活打下了坚实的基础，进而为我国社会主义现代化建设和中华民族的伟大复兴提供合格的人才储备。所以，通过高校体育活动的开展以及对体育精神的倡导，高校校园文化有助于高校学生的全面发展。

通过高校校园文化建设，促进高校学生审美能力的提升和心理素质的发展。审美能力的提升和心理素质的发展是个人全面发展的表现，也是人类不断进步的标志。为了完成新时期培养高素质人才的历史任务，高校教育工作者必须自觉强化高校校园文化审美内涵，帮助学生树立正确的审美观，抵制低级的、腐朽的审美观念。同时，高校校园文化必须要为学生提供一个正确认识自己和正确评价自己的机会，要对学生心理素质的发展进行调节和引导，使他们形成较强的心理调节能力和正确的心理素质，从而为学生的学习、生活和以后的工作打下良好的基础。

二、服务社会

（一）促进社会发展是高校办学的宗旨之一

1. 高校为社会发展服务成为世界高等教育发展的趋势

19世纪下半叶，美国出现了"赠地学院"和"威斯康星思想"，开启了高等学校为社会发展服务的先河，使为社会发展服务成为继教学、科研之后的高校的第三职能。自此，高校要为地方经济发展和社会发展服务，日益引起全球范围内的关注，成为高等教育改革的重要发展方向。

我们所处的时代是一个从工业社会逐步向知识经济社会转变的时代。知识经济既不同于依赖土地资源的农业经济,也不同于依赖自然资源和物质资本的工业经济。知识经济以知识的生产为核心,以科学技术的开发为动力,以高新技术产业和知识型服务业为支柱,这一切又都依赖国民素质的提高和人才资源的开发。在知识经济社会,高校与国民经济各部门相互依托、相互促进,教学、科研与生产三者实现了密切结合,这种结合既促进了高校教学与科学研究的改革和发展,又使高校的研究成果得以迅速地转化为现实生产力,从而推动了社会经济的发展。在这样一个时代,地域条件、交通因素、原材料等不再是维持经济持续发展的决定性因素,人工智能和高科技成果已成为推动21世纪经济繁荣的最主要动力。科学技术的进步和经济的发展对劳动者的素质提出了新的、更高的要求。所以,高校要对这些要求做出积极的反映,要为社会经济的发展提供强有力的人才支持和智力支持。

高校要积极树立服务意识,发挥智力优势,拓宽服务范围。在过去,高校与社会联系较少,存在对社会发展关注不够的问题。时代的发展和社会的进步要求高校必须走出传统的角色,积极进行文化的输出,主动为社会的发展提供智力支持。

高校要利用科研优势,积极进行创新,从而促进地方经济的发展。出于历史的原因,我国高等教育中存在的许多问题还制约着高校,以至于不能很好地为社会的发展服务。总体来看,我国的高等学校主要集中于直辖市和省会城市,高等教育资源的过分集中已严重影响经济的发展和对人才的培养。高校的部分学科专业设置脱离社会的需求与发展,特别是一些地方院校的学科专业设置没有结合地方经济的特点,从而造成了人力、物力的浪费以及人才的外流,也就无法很好地为地方经济和社会发展服务。

2.高校要为社会的可持续发展提供观念指导和价值评判

随着人类文明的不断进步,人类对自然界的改造能力逐步提高,同时也在不断升华对自身发展和社会发展的认识,逐渐形成了一种全新的发展观,即科学发展观。"科学发展观"不仅是一种新的发展观,而且还是一种新的价值观和道德观。在新时期,高校具有独立性和前瞻性,遵循尽可能地确保探索知识程序客观性的原则和宣扬积极价值观念的原则,从而为社会的可持续发展提供观念指导和价值评判。

(二)促进社会发展成为高校校园文化的宗旨之一

高校校园文化的建设是高校建设和发展的组成部分,必须服从于高校的建设目标和发展目的。政治、法律、哲学、宗教、文学、艺术等的发展是以经济发展为基础的。但是，它们又都互相影响并对经济基础产生影响。

由此可见，生产力的发展水平是人类发展水平的决定力量，人类社会的物质生产方式制约着整个社会生活的过程和面貌，而上层建筑则能够积极地反作用于社会经济生活。作为社会文化的有机组成部分，高校校园文化的建设环境不是孤立的、封闭的，而是开放的、相互联系的，是通过塑造高素质的人才，创造高质量的科技文化产品的方式，反作用于社会并促进社会发展的。

一是高校校园文化通过塑造高素质的人才来推进社会的发展。要想塑造高素质的人才，高校校园文化就需要完成一个很重要的任务，即实现高校学生的社会化。高校学生的社会化，就是将高校学生塑造成一个具有一定社会文化知识，并且能够参与社会生活和胜任特定角色的社会人，即高校学生取得自立于社会的能力和取得能够胜任社会工作的资格。

高校学生的社会化主要表现为其知识技能的社会化。在校园文化的影响和熏陶下，在校园文化实践的锻炼下，高校学生要能够根据社会发展的需要扎实学习专业知识、生活知识和掌握灵活的职业技能技巧，不断调整知识结构，使自己在走向社会后也能够适应生活和胜任工作。

此外，高校学生的社会化还表现为对学生合作精神和人际交往能力的培养和塑造。在当今的时代，科学技术飞速发展，社会分工越来越细化，许多产品和工程需要成千上万的人才能完成，这就要求高校学生首先要学会与人交往的技巧和掌握向别人学习的能力，不断领悟团队精神。

高校校园文化的发展，一方面为培养和发展高校学生的合作精神和人际交往能力，提供了丰富的交往内容、组织形式和宽广的组织场所；另一方面，通过丰富多彩的社团生活、沙龙活动，校园文化为高校学生的人际交往能力的锻炼和合作精神的培养提供了一个广阔的舞台。因此，在高校校园文化影响和熏陶下的广大学子，具备了很高的素质和能力，为全面融入社会打下了坚实的基础。

二是高校校园文化通过输出高品位的科技文化产品和高质量的科技文化服务来推进社会的发展。

在吸收和传承人类优秀文化成果的基础上，高校校园文化在丰富多彩的校园文化实践过程中不断地创造出代表新科技、新文化的优秀科技文化产品，如学生的科技创新社会实践调查报告等，并通过将其转化为现实生产力的形式，使一些企业、公司的生产能力和创新能力得到了提高，改善了许多单位的科学管理和人文环境，满足了广大人民群众的生活需求和文化需求。

此外，高校校园文化还通过科技文化服务的形式为社会发展服务。近些年，许多高校推进科技文化的"三下乡"，鼓励师生到经济落后地区"支边"，支持师生到民工学校"支教"，推动师生到社区献爱心，从而给这些地区带去了先进的科学文化知识，给广大人民群众提供了全面的服务，这些校园文化活动也就为社会的发展做出了应有的贡献。

三、健康发展

（一）以实现良性管理为目的指向

政治经济体制的变革、科学技术的迅猛发展，强烈地冲击着高校传统的教育模式。为了顺应时代的发展，越来越多的高校摒弃单一的硬性管理模式，不断加大软性管理模式的力度，力求通过校园文化的建设，给高校师生以无形的而又无处不在的影响，从而实现教育管理的良好效果。

软性管理模式在管理效果上具有自身的优越性。硬性管理模式是高校根据教育目的和培养目标的要求，主要通过行政手段、行政命令来约束、规范和协调高校师生行为的管理模式。建立、健全和贯彻各项规章制度如《高等学校学生行为准则》《普通高等学校学籍管理制度》《高等学校教师职业道德规范》《普通高等学校学生管理规定》《学生体质健康标准》等，是行政手段和行政命令得以实施的依据，这就使得这些规章制度往往带有"指令性"的特点。硬性管理模式是维持高校的正常教学、科研和生活秩序的有力保证，但采取过多过严的硬性管理模式会耗费庞大的人力、物力和财力，也会影响高校师生参与管理和进行学术创新的积极性与主动性。软性管理模式则主要通过高校校园文化建设的途径来影响高校师生的观念和行为，进而实现高校教育目的和培养目标。

所以，软性管理模式即借助静态和动态的校园文化氛围来管理教师与学生，通过学校的校风、教风、学风、舆论导向、文化环境等潜在的影响力来实现管理目的，因此具有渗透性、潜在性和持久性的特点。与硬性管理模式相比，软性管理模式易为学生在不知不觉中所接受，不易产生逆反心理，因为它以潜在规范支配每一个成员的行为，以一种无形的力量左右个体的思想和生活方式。由此可见，高校校园文化能够发挥学校管理的功能，能够为实现高校的高效率管理服务。

（二）以长远、健康发展为目的指向

高校校园文化是维系高校长远、健康发展的红线。高校要想实现长远的、良

性的发展，必须具备维持教学和传承文化的载体：一是有形的，如校园、设备、学生、教师等；二是无形的，如以校风、学风、教风为代表的校园精神文化。前一种物质条件是必不可少的，后一种则尤为重要。创新之意识，自由之思想，科学、人文之传统等，都是高校最重要的精神支柱。缺少了这些精神支柱，高校就失去了灵魂，就不能称为真正意义上的"高校"。

在高校的发展过程中，除了地域文化与学科差异的影响外，不同高校的精神文化对它们的发展起到了不可估量的作用。特别是一些名校，在历史发展过程中形成了各自的传统和精神，如北大的"自由民主"、南大的"诚朴坚毅"等，使这些高校身处困境而艰苦创业，直面世俗而追求卓越，既取得了巨大的成就，又时时焕发生机。由此可见，高校校园文化以高校的长远健康发展为目的指向，积极的高校校园文化成为维系高校长远健康发展的红线，也成为高校进行文化传承和文化创新的不竭动力。

第四章 大学生文化自信的现状与成因

在经济全球化和世界文化多元化的时代，文化自信是我国建设社会主义文化强国的必然要求，也是我国实现中华民族伟大中国梦的必然条件。当下更需要大学生增强自身的文化自信，为祖国繁荣富强实现伟大中国梦奠定良好的基础。然而，现代大学生的文化自信缺失严重。因此，加强大学生文化自信，是必须要解决的问题。本章分为大学生文化自信的积极表现、大学生文化自信缺失的表现、大学生文化自信培育存在问题的成因三部分。

第一节 大学生文化自信的积极表现

从整体来看，大学生文化自信表现出了积极的态势。大学生对中华文化的认同度较高，能够坚定文化立场，对中华文化持有肯定的态度。可以客观、理性地对待西方文化，不断推动中华文化的创新与发展。

一、对中华文化持肯定态度

中华文化是每个人的安身立命之本，蕴含着丰富的文化底蕴和文化资源，吸引了大学生对中华文化的学习，通过对中华文化基本内涵、历史发展、思想精髓等进行学习，丰富了大学生的文化知识，使大学生感受到了中华文化的独特魅力。学习运用"天人合一""仁义礼智信""己所不欲，勿施于人"等文化价值理念，增强自身的文化认同感和自豪感，树立正确的文化观，自觉传承和弘扬中华优秀文化。

同时，有效利用各种媒体资源对中华文化进行有效宣传，提供了正确的文化导向，营造了良好的文化氛围。总体来看，大学生对中华文化持有肯定态度，对中华文化的认同度较高，对中华文化的未来发展充满自信，体现了大学生的文化自信。

二、对中华优秀传统文化充满自豪

中华文化博大精深，比如汉字就可以展现出文化的魅力。一个词可能语气不一样，展示出来的意思就不一样；一个简单的句号或者逗号，在句子中停顿的位置不一样，人们理解的意思就有所差别；一个简单的汉字可能一字多音，每个音都有不同的含义；还有我们的文言文、唐诗宋词等，用中文才能展现出它的魅力，用其他国家的文字来代替总感觉失去了原有的味道。时代的发展推动社会的进步，同时也促进了传统文化的传播。

网络媒体的出现加深了国人对中华传统文化的认识。在网络不发达时期，对于传统文化的了解可能仅限于周边事物，对于地大物博的中国的了解可能只是凤毛麟角。但是随着网络的发展，对于中华文化的了解逐渐加深。如今短视频的流行，也扩大了人们对中国的认识。虽然有些人靠着短视频火起来，但不可否认的是，短视频的出现确实让更多的中国人了解中华文化。这种文化不仅展现出当地传统特色，而且也让人们感受到一方水土一方文化。中华文化丰富多彩，根据调查了解，对于中华传统文化全面了解的人不是很多，大部分人只了解某个方面。这个方面可能是由于他们的兴趣爱好，也有可能是其他原因，但针对某个方面的文化就能够吸引他们对中华传统文化的喜爱的情况，可见中华传统文化的魅力十足。虽然大部分调查对象对传统文化的了解只在于某些方面，但这些方面就让他们对中华传统文化充满自信，与其他国家文化相比有一种天然的优越感。

三、对中国未来的发展充满自信

习近平总书记根据中国的发展战略制定了两个"一百年"奋斗目标。2020年是实现第一个百年目标的最后一年，但未来还有三十年需要实现第二个百年奋斗目标，实现社会主义现代化强国。新时代的大学生是未来三十年的主要奋斗者，他们对中国未来发展的态度决定了中国发展的走向。

文化作为一种精神力量，能够激发大学生的积极性，引导大学生朝着正确的方向发展。问卷调查数据显示，大学生普遍对中国未来的发展充满自信。

在发展中国特色社会主义文化的问题上，根据问卷调查数据分析显示，大学生认同从多方面、多角度发展中国特色社会主义文化，不仅要保留文化之根，牢固革命之基，而且也要坚持创新精神和以人为本的思想。中国未来的发展不仅要实现经济和科技实力的强大，而且也要实现全民族共同富裕。实现全民族共同富裕，就要坚持以人为本，坚持用创新思维去发展中国。

在文化自信表现在什么方面的问题上，问卷调查分析显示，其中绝大部分大学生认为对中国发展道路充满自信，这说明提升文化自信对中国发展具有重要作用。目前大学生文化自信的程度也是较高的。

第二节 大学生文化自信缺失的表现

一、盲目推崇外来文化

在经济全球化的影响下，各国文化相互交流与借鉴，形成了多元文化。国与国之间的交往行为和交往空间也在文化多元化的背景下发生了改变，各国之间的价值观念发生了碰撞与冲突。西方的价值观念强调以个人主义为核心，追求个体幸福。中国的价值观念则与西方的价值观念不同，强调个人对他人、社会集体甚至是自然界负有责任，体现出强烈的责任意识。中国的价值观念表现为个人利益与集体利益发生冲突时，要坚持集体利益优先的原则。但是随着各国文化联系日益密切，部分大学生受到西方文化的冲击。有些大学生逐渐倾向于利己主义，将个人利益摆在首要位置，想问题做事情都是从个人角度出发，对自己有利的事情则积极去做，对自己无利的事情则持有一种漠不关心的态度。这体现出对中华优良传统文化的淡漠以及对中国文化的不自信。

大学生既是文化传播的践行者，也是文化发展的重要力量。大学生的价值观念会影响文化的传播与发展。在与访谈者进行交谈时得知，喜欢传统节日的一部分原因是传统节日是国家法定的节假日，学校会安排放假。但是在实际生活中，部分大学生更喜欢圣诞节、万圣节等西方节日。

在西方节日来临之时，人们可以在街道上感受到节日的氛围。但是在中国传统节日当中，有些大学生并没有表现得很热情，且并没有体现出对传统节日的喜爱。文化传播与发展的前提是要从内心深处表现出对文化的认同。推崇西方节日，会对传统文化节日产生冲击，导致对传统节日的理解停留在表面。这种现象会潜移默化地影响大学生的价值观念，会导致大学生对中国文化的理解产生偏离，从而对中国文化表现出不自信的态度。

二、文化自觉践行度差

根据调查可知，大多数大学生对中华传统文化、革命文化、社会主义先进文化的相关知识，是有一定了解的，但是，在形成基本认知之后，在实践中，只有自觉践行文化自信的行为，增强对中华文化的认同，最后才能达到文化自信的目的。

三、文化忧患意识淡薄

基于不断开放的市场经济，西方文化以不同的形式向我国渗入。对于中西两种文化的交汇和融合，应引导大学生主动地接触和认知国内文化，建立出文化方面的忧患意识，对于西方文化能够理性看待。但有些大学生在看待这个问题时，无法深刻分析"虚无主义""新自由主义"思潮，对西方文化的推崇度较高，无民族忧患意识，有时甚至丧失文化辨别力，对自身的文化体系尚未构建安全意识。

不同国家的经济状况并不一致，常导致人们无法平等地进行文化交流。针对西方文化相较我国文化更加强势这一方面，西方文化的不断渗入，使得有些大学生未形成忧患意识，对外来文化的警惕性不足，更别说安全意识了。

大学生无法全面辨别输入性文化，有些大学生片面地认为美国的影视作品比中国的好，或者热衷于泰剧、韩剧及西方节日，对我国优秀的传统节日常视而不见。相关教育工作者须开设相关课程，重新树立大学生的文化观，使其意识到文化、经济与政治、安全有着同等重要的地位。

四、对传统文化的认识不够深刻

学习和弘扬中华优秀传统文化，可以提高大学生的道德修养。虽然大学生表现出对传统文化的喜爱，但对文化的了解主要来自课本中的知识和个人的兴趣爱好，对传统文化的认识并不够深刻。传统文化不仅表现为客观存在，也表现为丰富的思想内涵。中华优秀传统文化不只是停留在表面上的建筑、文字或者服饰等，还表现为传统的文化基因。中国文化一直以中华民族精神的优良基因为主导，积累了大量的思想精华，也承载着中国美好的精神追求。

在中国传统的文化基因当中，非常注重道德修养，教导人们做一个拥有理想信念的人。在《大学》《中庸》当中就主张自我修养，提出了"修身齐家治国平天下"的言论。一个人只有不断约束自己、规范自己，使自己拥有一个理想的人格，才能逐步实现自己的梦想。这种人格涵盖了"仁爱"的内涵，即爱人者人恒爱之，要以一颗仁爱之心与人相处，才会拥有更多有益的朋友，这也是人际交往的主要法则。此外，中国传统文化也包含了人际关系，教人如何与其他人相处。与父母之间、朋友之间、亲人之间和陌生人之间都有不同的交流方式和相处方式,在这种方式中传递出一种品德修养。要兼济天下,学会换位思考,不仅要严格规范自己,还要站在他人角度思考问题,不将自己的思想强加给别人,形成和睦相处、与人为善的优良品格。这些只是中国优秀传统文化内涵的一部分,其中主要内容已经成为中国最基本的文化基因,对人的文化修养和道德修养产生深远的影响。

虽然在这个新时代当中,越来越多的大学生表现出对传统文化的喜爱,但这种喜爱也只是停留在物质层面。喜欢传统服饰只因为它很有特色,有古典范;喜欢传统建筑只是因为它很独特,可以体现出中国独特的匠心文化。中国优秀传统文化不仅体现在传统节日、传统建筑、传统工艺,而且还体现在其内在精神。中华民族精神是中华民族的宝贵财富,这些财富可以受用一生。新时代大学生对传统文化的内涵了解得还不够深入,需要学习和掌握中华优秀传统文化,学习其内在的精神品质,以优秀的人格去建设社会主义现代化强国。

五、对中国的主流文化不够关注

当今中国正处于百年未有之大变局,信息资源的多样化也影响了大学生对主流文化的关注。部分学生不理解什么是主流文化。主流文化是一个国家所倡导的积极向上的文化,对整个社会的发展具有推动作用的文化。网络世界丰富多彩,也为大学生提供更多的选择性。现在大学生对网络的依赖性越来越强,网络已经成为大学生不可缺少的一部分。但是面对网络世界,一些大学生对娱乐明星事件的关注度远远高于对国家事件的关注度。

当今社会所倡导的主流文化要与喜闻乐见的大众文化相结合。人民群众既是社会发展的主体,同时也是文化发展的主体。大学生作为人民群众的一部分,对主流文化的发展和传播具有重要作用。但是在现实生活中,部分大学生形成了错误的价值观念,受到了享乐主义和拜金主义等不良观念的影响。

当今社会有一些大学生关注明星的生活,久而久之,他们就沉迷于其中,最终误入歧途。主流文化能帮助大学生树立正确的价值观念,养成积极向上的生活态度。大学生正是因为主流文化意识不强,对社会中各种价值观辨别能力不强,才会在网络当中陷入陷阱,最终步入歧途。

第三节　大学生文化自信培育存在问题的成因

一、文化体制改革不完善

随着改革开放的逐步开展，文化体制也走向了改革的路线。经过多年的文化体制改革，文化领域取得了丰富的成果。首先在思想上转变观念，认识到文化的重要性。文化是一个民族独特的象征，是一个国家、一个民族发展的根基。通过实践人们也认识到文化与政治、经济是相互影响的。

虽然文化领域取得了丰富成果，但文化体制还不完善。文化体制改革是一项长期的工程，各方面都需要完善。在这个新时代，各国之间综合国力的较量不再将经济实力和科技实力作为唯一标准，文化在综合国力中占据的地位也越来越重要。我国的文化建设无论是起步时间还是发展水平，相对发达国家来说都是比较滞后的，主要体现在文化管理不健全和文化产业发展不平衡上。

在文化管理方面，政府部门是文化发展的主要推动力，起着主导性作用。如果政府部门在进行文化发展规划时管理不到位，就会导致文化产业发展水平较低。首先体现在上下级管理方面，有些文化单位接受上级政府部门的管理，但政府部门没有形成有效的治理结构，责任分工不明确，导致管理出现混乱。

在经费支出方面，有些经费支出不能适应文化发展的需要。在固定拨款或者专项补助方面不能有效地将资金运用到文化发展需要的领域，导致资金浪费和文化建设不到位。

在人才管理方面，政府部门对文化专业技能培训方面的管理还有些不足。虽然定期组织培训，但远远不能满足文化发展的需要。文化人才的培养，不仅要体现文化素养，还需要随着时代的发展与时俱进，培养时代所需的专业性文化人才。

在文化产业方面，文化产业是指从事文化生产和提供文化服务的经营性行业。文化产业的发展有利于促进经济结构的调整，满足人民群众的文化需求和促进新兴文化产业的发展。在科学技术的影响下，文化产业得到了有效的发展，文化魅力得到充分展现。文化事业具有公益性，更能得到大家的认可，但也存在文化产业发展不平衡的问题。市场在文化管理中的作用未能充分发挥，这在一定程度上导致文化市场的结构不清晰，文化市场经营混乱。

二、不良社会思潮的冲击

自改革开放四十多年来,我国社会生产力水平和人民的生活水平得到了大幅度提升,在较短时间内创造了经济快速发展和社会长期稳定的两大奇迹。但不可避免地引发了一些问题,尤其是在思想领域,各种社会思潮涌入,呈现多元并存、流派纷争的文化景观,但其中包含的模糊不清、认知错误的内容,极易侵蚀校园风清气正的文化氛围,从而给文化自信教育的推进带来阻碍。

一方面,市场经济的逐利性使得身处市场当中的人们注重个人利益的实现,在换取利益的同时,人们对物质的依赖性也不断加深,甚至出现人的异化,进而产生拜金主义、享乐主义等不良思想,使得人们在社会实践的过程中更加注重活动背后的利益,反而忽略了活动本身,更不在意活动是否符合人们的精神文化需求。对他们而言,显阔、斗富、摆排场能够获取成就感,能够向别人彰显自己,为了达到这个目的,满足自己的私欲,他们在实践过程中慢慢放弃了自己的道德准则,甚至突破法律的界限。

近年来,多部抗日神剧、抗战神作的出现恰恰就印证了此观点。作为文化导向和资本追逐共同的产物,这些影视作品往往用很短的时间就可以拍摄完成,不仅将战争游戏化、偶像化,更是频频出现各种"神预测""神武器"等不符合实际的场景。它们往往打着弘扬爱国精神、传承中华文化的旗帜出现,实则是一条分工明确、成熟稳定的营销流水线。这不仅是对历史的歪曲、对先烈的不敬,而且也有悖于我国的精神文明建设,严重影响了大学生的历史价值观和民族认同感。

另一方面,随着网络信息的迅猛发展,西方文化渗入我国。西方文化根植于资本主义,注重个人功利主义,这虽然能最大限度地激发个人的积极性,但也会使大学生出现利己主义、行为失范等问题。这些问题冲击着大学生的价值观念,削弱大学生对主流意识形态的坚定信念,从而失去对中华文化的认同和信心。

与此同时,一大批通过新媒体传播的文化作品被快速消费,这虽然迎合了人们快文化消费的需求,但由于缺乏监管及受利益的驱使,这些文化作品中往往会包含一些不良文化的现象,影响着大学生文化价值观的树立,也不利于文化自信教育的开展。

三、大学生本身存在的问题

（一）辨别能力不足

大学生文化自信的缺失除了外在因素之外，还与自身因素有关。正是受各种内在因素的影响，新时代的大学生面对中华文化时缺乏辨别能力，对文化自信也有一定程度的缺失。

1. 心理发育不成熟

新时代的大学生大部分从小生活在物质丰富的世界，被父母保护得很好。虽然这能给他们的童年带来快乐，但这也间接地导致了大学生的心智发育不成熟，对事物的辨别能力较差，容易被人带入歧途。随着现代科技的发展，网络上各种文化纵横交错，给中国文化带来了一定的冲击。特别是近几年，西方节日在中国的影响并没有减弱，反而逐渐壮大。以前，西方节日只有圣诞节较为流行，但没有成为社会化现象。随着时代的发展，现在不仅圣诞节成为中国竞相庆祝的节日，而且其他西方节日也在中国发展起来。

新时代的大学生在这种好奇心的驱使下跟风过节，这种现象对本土文化产生一定影响，使大学生对本土文化的自信力减弱。正是由于大学生的心理发育不成熟，无法透过现象看本质，对西方节日隐藏的文化渗透无法辨别，长久发展下去将会使大学生的价值观念发生偏离，对中国文化不自信。

2. 对主流文化认知不清楚

主流文化是一种积极向上的文化，能够凝聚人心，推动中华民族伟大复兴的历史进程。大众文化具有潜移默化的教育功能，能以多种形式渗透在大学生的日常生活当中。主流文化只有扎根于大众文化之中，才会实现文化融合，成为社会主义文化的中坚力量。但是新时代大学生所喜爱的大众文化偏于流行文化，对主流文化认知不清楚。

在网络时代，一件事情的发酵速度非常快，有些人为了吸引别人的注意力，博取他人的关注，不惜做出一些违背道德的事情，扰乱了大学生的主流文化意识，动摇了大学生的价值观念。

（二）自我教育能力有限

大学生文化自信的培养不仅受制于社会环境、高校教育，更需要大学生的自我教育。调查结果显示，当前多数大学生都比较愿意阅读一些文化典籍或参与文化实践活动，但在问及"您每学期参加文化主题相关实践活动的次数"时，仍有部分大学生选择了"较少"，选择"非常多"的大学生仅占少数。这表明大学生从心理上或思想上认可增强文化认知、提升文化自信这一观念，却不能做到知行合一，自我教育能力有待提高。

虽然当前一直在倡导德智体美劳全面发展，推行素质教育，但根深蒂固的观念并非一朝一夕能瓦解的。现阶段高校大学生主体是00后，他们思想新潮、敢想敢做、个性独特，无论是价值观念还是行为方式都不同于以往的大学生群体，他们从小身处网络环境下，自身心智尚未成熟，缺乏价值判断能力。随着自身主体意识的增强，他们开始过分追求物质利益，为了在择业中胜出，更加注重知识的实用性，热衷于选择计算机、金融等实用性强的专业，也热衷于考取各种证书；在择业上，关注当下的利益和机会，追求轻松舒适又不费力的工作环境，甚至宁愿在大城市"蜗居"，也不愿去更能发挥个人价值的偏远地区。长此以往，大学生逐渐忽视了自身对精神方面的需求，导致自我教育不全面。

（三）文化主体性意识缺乏

文化主体性是指大学生作为文化主体的规定性，集中体现在文化内化与外化过程中的自主性和能动性。它生成于对自身文化归属的沉思探索和对文化自身意义的认可与追求，是文化自信培育能有效开展的重要条件。

我们进行文化自信培育的过程其实就是经由"文化价值客体化"，将文化价值规范等内容转化为学生内在思维结构的部分，再通过"主体客体化"将自己的认知外化为学生的个体行为具体导向的实践过程。所以在此过程中，如果缺乏足够强的文化主体性意识，缺少大学生的内在接纳趋向，便没有了可实现的内在动力，教师的单一灌输便也无法引起大学生的共鸣，文化自信培育效果自然难以保证。当下大学生文化主体性意识相对缺乏，主要体现为以下两点。

1. 文化认知的学习动机较弱

思想政治课与文化选修课是大学生接触和学习文化知识的主要渠道，但是一些大学生认为这类课程中的内容对自身的专业学习和未来就业没有什么用，对课程中的内容也没有太大的兴趣。

因此，大学生的上课出勤率比较低，随意逃课的现象较多，大学生在课堂上的认真程度和专注度较低，教师在讲台上讲，大学生在下面低着头做着其他事情，可以说大学生的听课效果很不理想。课堂外，一些大学生会花大量时间去关注偶像、明星的一举一动,会时常熬夜甚至通宵阅读毫无营养的网络小说,这些行为都不利于学生自身文化素养的提高与文化自信的坚定。

2.参与文化实践活动的主观意愿不强烈

文化自信的培育讲究知行合一,无论是校内的社团活动和专题学生活动还是校外的参观学习与实践体验,对深化学生关于主流文化的情感体验,提高文化自信都具有重要作用。但是部分大学生要么只重视自己的专业理论学习而无暇顾及,要么宁愿沉醉在自己的小世界中,也不愿多花时间参与文化活动。

(四)自身意志力不坚定

1.部分大学生缺失理想信念

理想信念是人在成长道路上的指明灯和前进的内部动力,是坚持不懈的认识目标,是生存发展的精神依托和价值指导。所以,理想信念对人的发展是不可或缺的力量,激励人们敢于挑战和克服困难。

随着社会经济的发展,各国文化交流频繁,我国逐渐形成了多元化的文化社会环境。在这个特殊的时代背景下,大学生经常因为复杂的社会环境产生的不良现象而持有盲目从众心理,这种心理容易导致"随大流"的行为,不利于形成正确的信仰和价值观,他们较少地去辨别行为和观念是否符合正确的社会主义核心价值观的发展方向,盲目从众且难以抵制诱惑。

缺乏信仰会导致自身的道德品质下降和价值观念消极,易迷失自我,使得大学生缺少理想信念和缺乏辨别是非的能力。大学生缺乏理想信念会给正确的世界观、人生观和价值观的形成带来挑战,给大学生文化自信的培养带来挑战。

2.大学生文化心理复杂且不稳定

处于青春期的大学生心理敏感、复杂且易变。

(1)对事情热情激昂但是缺乏冷静思考

随着大学生文化价值观的建立,大学生逐渐产生了维护国家文化的意识,热衷于爱国主义精神,对恶劣事件表现出义愤填膺的状态。但是由于大学生处在青春期,其情绪变动较大,容易受外界环境和不良情绪的影响,缺乏冷静思考的能力,从而容易产生不理智的行为。

(2)思想开放但是想法片面

大学生标新立异,爱追求个性,容易导致其崇尚西方文化的个人主义、自由主义的社会思潮。在接触西方文化的过程中,大学生勇于挑战新鲜事物,但是其逻辑辩证思维能力、分析事物的能力较差，认知事物的本质能力不足，缺乏成熟的、全方位的思维。

（3）好奇心旺盛但适应能力不足

青少年阶段对知识强烈的好奇心和求知欲使得青少年可以接受多样的文化模式和生活方式。大学生在多元化的文化中扩大知识视野，拓宽更为壮阔的思维发展空间。在经济全球化和市场经济的作用下，产生了多样的文化观、价值观，部分大学生受自由主义、功利主义等西方文化思潮的干扰，不利于形成正确的观念。鉴于大学生的认知不充分和心理发育尚未成熟，他们不仅不能全面了解事物的概念，而且还难以辨别事物的本质，面临新的文化生活时感到不适应和出现盲目跟风现象，不利于培养大学生的文化自信。

3. 大学生对传统文化的了解甚少

中华文化中蕴含的传统文化被中国特色社会主义文化继承、发展。中国特色社会主义文化起源于传统文化，通过对传统文化的凝练、总结逐步形成了社会主义核心价值观。

优秀传统文化蕴含的文化底蕴博大精深，历经时间的考验和在人民的选择下的传统文化被传承、传播和发展，在文学、思想、建设和习俗上都有传统文化的印记。其中，传统文化的核心是传统文化价值观，在当前文化强国的社会背景下，传统文化价值观涵盖在深刻的影响力中，体现在精神状态、价值选择和思维特性方面。

一些大学生对经典文学作品的认知一般局限在课本上，而对经典文学作品中蕴含的思想、文化孤陋寡闻，只知道作品的存在却难以认识到其中蕴含的深刻道理。对传统文化认知感薄弱，为培养文化自信带来了阻碍。

（五）理想信念迷失方向

"理想"是人们所向往和追求的奋斗目标，是人生价值的客观表现。"信念"则是指人们对所有事情的看法。理想信念则是指价值观念，这种价值观念是一种核心价值观念，是人生价值取向的最高目标。一个远大的理想信念能激励人们不断向前发展。

习近平总书记将理想信念比作精神上的"钙"，他指出"没有理想信念，理想信念不坚定，精神上就会'缺钙'，就会得'软骨病'"。由于每个人的价值观念不同，理想信念也会有所不同。但不可否认的是，个人理想与社会共同理想相符合，有利于实现人生价值和社会主义的伟大目标。

大学时期是大学生树立理想信念的黄金时期,大学生在大学校园里接触的新事物、新观念对个人的理想信念产生深刻的影响。新时代的大学生是中华民族伟大复兴的中坚力量,他们的理想信念关系着国家的前途和命运。但是,随着经济全球化的不断深入,各种价值观念和文化思潮对大学生的思想意识和行为习惯产生一定的影响,也间接地对大学生的理想信念造成冲击,导致理想信念迷失方向。

事物的发展具有两面性,在社会主义市场经济不断发展的同时,也出现了金钱至上、利己主义和道德缺失等问题,这些问题冲击着一些大学生的理想信念。他们迷失在物质享受当中,将个人利益摆在首位,为了个人利益不惜做出违背道德的事情。近几年出现过不少大学生犯罪的事件,他们在学校接受高等教育,却为了金钱知法犯法,等到受到法律的制裁为时已晚。

此外,西方国家对我国进行意识形态渗透的同时,也对大学生的理想信念造成冲击。"意识形态决定文化前进方向和发展道路",直接关系到社会的发展方向。在西方不良价值观念的干扰下,一些大学生的价值观念产生偏离。他们沉迷于无节制的消费和享受中,失去了人生奋斗的动力,将追求物质上的满足作为人生的理想。

四、家庭教育缺乏培育意识

家庭是人成长的起源,父母作为孩子一生教育中的第一引路人。父母的文化观念、戒律和行为直接影响着子女文化观念的发展。

(一)许多家庭只注重硬式教育

家庭是大学生成长和生活的基本环境,对大学生的健康成长和文化素养的培养起着重要的作用。许多家庭只注重对子女知识的硬式教育,而忽视对他们的道德教育,忽视了对子女文化自信的培养。

(二)家庭文化教育氛围较为欠缺

家庭是人一生中的第一所学校,要想充分弘扬社会主义核心价值观,就必须将家庭教育放在重要地位。家庭文化氛围对大学生的成长具有指导作用,父母的一言一行都会对孩子产生影响。父母对优秀文化的态度以及能否积极学习和传承优秀传统文化,父母对中国文化的信心程度对孩子的文化价值观的发展有很大影响。面对我国的优秀文化,如果父母能够认识到文化内涵的重要作用,以身作则去学习和传承文化，那么子女也会效仿。

五、多元文化对大学生价值观的冲击

新时代的大学生由于缺少社会经验，面对多元文化时容易产生错误的价值观念，进而影响了大学生的价值取向和行为选择。

（一）以个人利益为主

新时代的大学生绝大部分都是家里的宝贝，父母会尽量满足他们的需要，但这也间接地使他们形成以自我为中心的性格。他们做任何事情都不愿听取他人的意见，始终坚持自己的想法。大学生为了实现个人利益而不顾集体利益，导致缺乏社会责任感，价值观出现了偏差。

（二）道德意识淡化

大学生在经过系统性的学习之后，对道德意识具有一定的认知。但是任何事物都具有一定的流行趋势，以前认为某件错误的事情是有违道德的事情，但是受大众化的影响，大学生的价值观念产生混淆，他们在思想上和行为上可能会盲目从众。大学生的价值观在多元文化的影响下变得相互矛盾，传统的价值观念在多元文化的冲击下，不符合大学生的时代潮流，影响大学生的道德判断和价值选择。

（三）价值取向低俗化

受多元文化的影响，新时代大学生的价值观念逐渐向低俗化发展。大学生是最有活力的群体，他们的自由时间较多，又没有社会工作上的压力，每天都以积极向上的心态迎接美好生活。但是也有部分大学生存在拜金主义倾向，他们将金钱看得很重要。他们的价值取向不是以艰苦奋斗为荣，而是渴望不劳而获，渴望从物质上满足自己的虚荣心。这种现象严重影响了大学生的价值观念，使大学生的价值取向朝着低俗化方向发展。

六、网络不良文化对文化自信的冲击

在新时代，网络新媒体成了人们生活中不可或缺的一部分。网络直播不仅促进消费，也成了拉动经济的主要力量。据第47次《中国互联网络发展状况统计报告》显示，截至2020年12月底，我国网民人数为9.89亿，在我国网民群体中，

学生最多，占比为21%，受过大学专科及以上教育的网民群体占比为19.8%，由此可见，我国大学生网民数量较大。新时代的大学生对网络的依赖程度不断升高，很多信息都要通过网络的途径来获取。网络不仅给大学生提供丰富的学习资料，而且也开拓了他们的视野，营造了一种良好的文化氛围。但是网络给大学生带来积极影响的同时，也带来了一些负面效应。如今的网络良莠不齐，科学与愚昧并存、先进与落后并存，这些信息交织在一起容易对大学生的文化价值观念产生负面影响。

大学生活相对自由，大部分大学生将这些时间花在网络当中。有些人利用网络刷视频，有些人利用网络学习，有些人利用网络打游戏……但网络上总是出现一些不良的网络文化，这些网络文化容易使大学生逐渐迷失自我，从而对大学生的身心健康造成严重的危害。

近年来，"网红"的兴起也对文化自信产生一定的影响。"网红"是指在现实或者网络生活中因某个事件或者某个行为而被网民关注从而走红的人或长期持续输出专业知识而走红的人。"网红"的出现是网络新媒体发展的结果。新媒体加快了信息传播的速度，将文化制造者与传播者融为一体，每个人都可以在网络平台上相对自由地发挥，让更多的网民认识自己，从而得到网友的关注。

但网络信息的质量是难以把控的，并不是每个人都在网络平台上传播积极健康的文化，有些人为了博取关注而制造一些低俗的文化作品，影响网络环境，不利于健康有益的文化传播。大学生作为网络新媒体的使用者，容易被这种低俗的网络文化侵蚀。因此，要想提升新时代大学生的文化自信，就需要加强网络管理，营造一个良好的网络空间。

七、高校培育工作的具体开展存在不足

长期以来，各高校普遍将优势学科建设、大学生专业技能等硬指标建设作为学校工作的重点，以提高大学生就业率为中心任务。这本身是无可厚非的，问题在于一些高校有时候容易忽视学生文化素养和人文情怀的培养这些隐性教育内容。文化自信是一个新兴的命题，文化自信培育工作仍然处于摸着石头过河的探索起步阶段，其本身也较难以量化和判定真实成效，真可谓周期长、涉及面广、见效慢。

目前，许多高校对大学生文化自信培育的关注度和重视度较低，相关资源的投入也较为不足，具体工作开展缺少系统设计，还未形成一套完整的、行之有效的培育体制，所以难免存在一些不足之处，致使文化自信培育的实际效果不够理想。

（一）培育理念有待进一步更新

教师作为文化自信培育工作的计划者、实施者、统筹者、检验者，在整个培育过程中起着主导作用。教师应当对文化自信培育工作的极端重要性、具体要求、工作规律有深刻的认识和理解，更新教育理念，明确自身的使命，切实增强开展文化自信培育工作的行动力。这在很大程度上关乎培育工作是否能扎扎实实地开展。

随着党中央对高校思想政治教育工作与坚定文化自信的重视，培育学生的文化自信逐渐走进高校教师的视野，成为其完善教学目标的一个重要板块。但是要让其充分融入教师的教育理念和教学实践中，必然是一个漫长的过程，还需要进一步的探索。

当前高校对大学生文化自信的培育依然以开展高校思想政治课为主要渠道。但有些思想政治课教师没有完全认识到文化自信培育工作的意义以及自身在文化自信培育工作中的重要使命，未能有意识地在课程内容中增添文化自信培育部分，更没有就文化自信培育这一主题做系统完备的课程资源开发，只是在涉及时对相关概念做简单解释而已。在文化知识储备、教育理念与教学方式转变问题上仍存在不足，导致其开展文化自信培育工作的积极性、主动性、创造性不足，使得这一主流培育渠道的效果不甚理想。

首先，对大学生人文关怀的主动性和行动力不足。在现实中仍然有一些教师未能摆脱"大学生教育是为适应就业市场需求的功利化教育"理念，对学生的主体需求以及全面发展没有充分关注，忽视学生人文素质的提高，使得教育的人文关怀难以很好地体现。

其次，在教育方式上的创造性不足。虽然认识到传统的说教灌输方式会显得空泛，使得教学内容脱离学生生活实际，难以引起学生的兴趣，但为更顺利地完成教学任务，减轻工作负担，一些教师仍然以单一的说教、灌输方式为主，缺乏一些探究式提问、启发式引导等激发学生发挥主体性作用和增强自我效能感的教学环节。

最后，广泛学习的积极性不足。部分教师对自身专业以外的领域并不十分关心，其文化知识储备不够，且授课内容广度不足。这些因素都是造成当下思想政治课不受欢迎，没有完全发挥文化自信培育主渠道应有作用的因素。

（二）培育内容体系有待进一步完善

大学生文化自信培育的内容应当包含优秀传统文化、红色革命文化、社会主义先进文化、国外文化几个方面。当下有关文化自信培育的内容主要集中在思想政治课中所能接触到的红色革命文化与社会主义先进文化的相关内容，而关于优秀传统文化和国外文化的知识，由于未纳入常规教育内容，只是一些相关的文化选修课略有涉及，学生对相关内容的学习远远不够。

学校缺少与文化自信培育相关的人文选修课程设置。在许多大学中，除了中文系、文学系等文科相关专业外，文化理论教育课程多数属于人文选修课，课程开设数量较少，能选上的学生是少数，而且由于课时也较短，课程内容自然也无法全面而深入，难以系统地对文化知识进行全面系统的学习。而且由于选修课的课程性质，教师在实际教学过程中的教学要求和课堂管控较为轻松，教育内容的展现形式单一，因此难以取得很好的教学效果。

（三）培育渠道有待进一步挖掘利用

1. 学生活动开展缺乏主流文化意蕴和思想内涵深度

文化实践活动对学生起到导向、规范、熏陶、感化等重要作用，是文化自信培育中不可缺少的一个环节。当下，许多学生文化实践活动的开展存在教育者对学生活动开展的指导和把控不足的问题，校园文化实践活动存在重视物质文化而轻精神文化的问题。一些学生会、团委的管理教师对于学生文化活动的开展没有足够的重视，缺乏对学生文化活动开展有计划的指导和对内容主题的把控。很多时候将自主权和决定权交予学生，任由学生自娱自乐，导致学生活动的娱乐化现象较为严重。娱乐性质的歌舞晚会、节日庆祝及仿造一些电视娱乐节目的学生活动热闹非凡，很受欢迎，学生的参与度极高。但是，此类活动的开展很多时候只是追求形式好玩和内容新潮流行，缺乏思想文化内涵。

场面虽热闹，但缺乏正向引领力，更是挤占了校园高雅文化的空间。专门的文化学习宣传活动和思想教育引领的文化思政类活动举办的次数较少，对学生的参与积极性调动不足，而且这类活动的参与人员也大多是马克思主义理论专业、文学专业的学生、学生党员、团委学生会的成员和学生干部等，对于其他大部分学生的覆盖面并不高，难以对学生产生持续深远的影响。此类现象和问题的存在直接影响了校园文化建设，进而影响了文化自信培育的实际效果。

2. 培育工作中缺乏对于新兴媒体平台的充分开发利用

在自媒体时代，各种社交媒体充斥着大学生的生活，成为其获取各类信息、与人联系的最主要工具，占据着人们大量空余时间。自媒体的发展对开展文化自信培育工作是一个契机，但是学校未能充分有效地利用这一点。

在关于"所在高校开展文化自信培育的主要形式"的调查中，选择"媒体宣传"的只有12.7%。现实情况应当是比数据所展现的情况要好一些，但是这也体现了学校并未将媒体平台充分用于文化自信培育工作的开展上。

在对多位团委教师的访谈中我们也了解到，高校都建设有自己的官方微博、微信公众号等，但是就学生的关注度而言，生活服务和职能管理类的媒体较受关注，而专门的思想文化类媒体，主要服务于学校党建宣传工作，涉及文化理论知识的内容相对较少，学生的获取查阅频率也较低，"学习强国"等软件在学生中的覆盖面也不够。

（四）培育力量有待进一步统筹协作

当下高校只将文化自信培育纳入思想政治课教学任务的范围之中，理论宣传讲解较多，实践锻炼感知较少。虽然思想政治课是关键课程，但是文化自信培育是一个系统工程，不能仅靠课堂，必须贯彻到教学、科研、活动、管理、服务各个环节之中，通过各类学生组织、学校团委、学校有关教育管理和文化宣传机构等部门的协调作用形成合力，经过长期努力，方能有一个好的效果。

但是由于缺乏系统的组织和统筹，各个教育工作者只在自己工作职责和任务的范围内开展文化自信培育的相关工作，没有明确的任务体系和目标指向，导致各个环节和板块之间没有形成系统的有效合力，成效反馈与改进也较少，文化自信培育影响的一致性和延续性不足，实际效果自然受到影响。

八、校园文化环境的正向感染力存在不足

学生是生活在校园中的社会人，校园文化环境对于培育学生文化自信有隐性熏陶感染的重要作用。虽然校园是一个相对独立、单纯的环境，但是由于大学不同于中学，其本身管理较为宽松，现在信息传播早已突破空间地域之限制，校园文化小环境受到社会文化大环境的影响越来越深刻，不良社会文化思潮也因此易于进入校园文化环境中，造成校园环境中多元文化交织并存，不良亚文化横生带来消极影响的局面，这极大地削弱了主流思想观念在学生群体中的正向引领力，进而影响了大学生文化自信培育的实效。

文化由人创造，大学生在受到校园文化影响的同时也会在学习生活实践中创造出新的文化。校园亚文化正是由学生所创造的与校园主流文化所对应的次文化

形态，其中有与主流文化主张相一致的、相符合的，也有与之相违背的，而校园不良亚文化就是后者。校园不良亚文化与主流文化价值观念背道而驰，由于其具有极强的感染力、煽动力和迷惑性，极易在大学生群体中扩散和蔓延，对大学生群体的兴趣偏向、人生理想追求、价值取向、文化选择等产生深刻的影响。

当下，多元的意识形态、价值观念在社会环境中汇聚、碰撞，削弱了主流文化的引领力，为校园亚文化的产生提供了基础，而高度匿名化和自由化的网络则是这些功利化的、低俗的、不真实的、不健康的文化和价值理念生长与泛滥的温床。在高校中，充斥着贪图物质享受、追求安逸的"享乐亚文化"，肆意发表粗俗用语的"不雅亚文化"，崇尚暴力并将暴力行为合理化的"暴力亚文化"，投机取巧、拉帮结伙的"腐败亚文化"等类型的校园不良亚文化。它们的存在，压缩主流文化在校园环境和学生心灵中的"生存空间"，并极大地消解文化自信培育的实际效用。

第五章　高校校园文化建设与大学精神培育

大学精神是校园文化的灵魂和核心，校园文化建设是大学精神的具体化和表现形式。大学精神隐含在校园文化建设中，是对校园文化建设的提炼和升华。本章分为大学精神的时代表征、大学精神培育的对象、大学精神培育的逻辑理路、大学精神培育的路径选择四部分。

第一节　大学精神的时代表征

一、关于大学精神

（一）大学精神的概念

关于大学精神的概念，不同的学者有不同的诠释，但在传播学上影响最广也最能为大众所接受的概念可以分为两种。一种是从文化视角对大学精神进行的定性。在这种概念中，大学精神归属于大学文化的一种，具有文化这一概念的属性，即在有相对独立性的同时，也具有流动性和吸收性，可以对大学文化进行筛选、吸收并融入大学精神的内核中。可以说大学精神与大学文化在这种程度上是辩证统一的关系。

另一种是从功能视角对大学精神进行定性。在这种概念中，大学精神的文化属性也被视为"育人"的一种功能属性。除此之外，在特定的时期，大学精神还会承担"社会人才输出""重振家国大业"等实体功能。当然，也有学者对这种功能性的定义持有否定的态度，认为这属于一种形而上的精神，弱化了大学精神本身的特殊意义。但总体而言，大学精神确实在引领大学文化，也在构建大学的社会职能中发挥着无可比拟的作用。

正如文化有着广义和狭义的定义一样，大学精神归属于文化，是文化的一种表达形式,那么大学精神也应当有广义和狭义之分。广义的大学精神是指学校在持续性的长期办学过程中逐渐形成的、融合历史传统、体现自身特色、得到本校师生广泛情感认同、相对稳定、具有一定符号和抽象性的精神文化形态。而狭义的大学精神则是指用简洁、醒目、便于记忆的语言文字来表述本校源于国史校史、办学定位的,对广义大学精神的符号性的凝练表达。狭义的大学精神通常以校训、口号、校徽、校歌、标语、校园建筑等为物质媒介来具体呈现出来。

综上所述,大学精神是大学在设立与发展过程中不断沉积而成的一套文化规范体系,带有鲜明的思想与价值特色烙印。它与大学文化是既紧密相关又互相区别的。

(二)大学精神的起源与发展

囿于时代背景、国家民族特色的不同,国内外大学精神的起源与发展也各有差异。

1. 西方大学精神的起源与发展

西方大学的源头可以追溯到 1088 年,彼时的意大利成立了世界上的第一所大学——博洛尼亚大学。该校教学与被教学的界限极为模糊,也可以称为学者求学交流探讨的一个学术圈子,这时候大学的精神可以概括为"知识的探求"。

而后,英法两国陆续成立了牛津大学与巴黎大学,这个时期的大学精神受时代的影响,被渗透了很多宗教文化,所以大学精神也有着浓厚的宗教信仰色彩。在此后很长的一段时间内,这种对知识的上下求索以及夹杂宗教信仰色彩的大学精神在西方大学影响甚大。

直到 19 世纪初期,高等教育思想家纽曼突破传统的大学教育观,提倡理性的、自由的大学精神,强调"享受知识的乐趣"对于个体心智发展的重要性,而不过分偏激于"知识本身的实用属性"。纽曼的观点对后世各国大学的发展产生了重要的影响。虽然后期以美国为代表的一系列大学受到社会经济发展指标的限制,不得不去让大学教育与政府经济发展挂钩,由此会充分强调"科学的求真主义",但无论如何,"修养的道德境地"已经在当下的大学教育中格外重要了,而且至今大学精神中的人文关怀属性都仍在散发着它朝气勃勃的生命力。

2. 国内大学精神的起源与发展

中国的教育历史可以追溯到西周,中国大学的制度却是西方的舶来品。中国的大学创办于 19 世纪末,是晚清政府"救亡图存"下的产物。国内大学虽舶来于西方,大学精神却与西方大相径庭。如果说西方与国内大学精神同为"求知",

那么"求知"的性质却截然不同。在西方，知识之追求谓之塑造独立人格，学有余力而服务于社会；而在国内，大学的缘起便是紧紧拴在了家国的命运之上，"读书改变命运"的思想非常强烈。即使在当代，家国的情怀并未强烈地凸显出来，这种"改变命运、突破阶层"的意味仍是格外地鲜明。

当下，不难发现国内的大学之精神开始与西方大学精神有着越来越多的共性，如"人文教育""科学精神"等，但是区别于西方个人英雄主义的旗帜，中国大学的精神与思想政治教育的动态关系仍延续了其大学创办缘起时的政治特点。

（三）大学精神形成的影响因素

大学精神是大学在设立与发展过程中沉积而成的一套文化规范体系，体现了这所大学鲜明的思想与价值特色，它的形成是各种因素在历史维度中长期碰撞的结果。

1. 历史背景

大学精神并非朝夕所能促就的，它是历史的产物。以北京大学的前身——京师大学堂为例，倘若没有经过历史硝烟战火的磨砺，北京大学也不会在诸多大学中孑然而出，在世界享有盛誉。这无疑是由历史的特殊性造就的，证明大学精神在形成过程中受历史背景的影响。

2. 政治环境

西方学者几乎不去研究思想政治教育与大学精神方面的课题，而在国内思想政治教育与大学精神方面的课题却称得上领域内研究的热点，这便是政治环境作用的结果。

3. 文化特色

中国自古以来推崇的便是集体文化，在群体利益面前，个人甚至可以牺牲掉自己的利益；西方则推崇个体英雄主义，强调个体的高度自由性。有学者将这种现象称为群体文化，这种群体文化会不自觉地渗透到教学教育中，进而影响大学精神。不仅在国家与国家之间，而且在不同的地域与民族之间，大学精神都会有差异，体现着浓厚的民族特色。

4. 学校本身的因素

除了外界，一所大学的大学精神更与其自身紧密相关。例如，大学的创办人、不同校长所追求的创办理念是不同的，这种理念也会反向影响大学精神的形成；

此外，还与大学的任课教师以及学生群体，甚至与曾经接受学校熏陶但现在已经步入社会的校友有关，校长是个人的作用力，而学生和教师才是学校的主要构成群体，是整个学校精神的凝聚力，校友更是能成为大学精神的执行和大学精神持续发展创新的重要动力。

二、大学精神的传扬与发展

目前，全球高等教育版图正发生深刻变化，新时代的中国大学要有更高站位、更广视野、更新理念、更远眼光，秉持包容、多元的立场，不断丰富大学精神的内涵，站在时代发展、国家发展的原则立场上，"苟日新，日日新，又日新"，致力于大学精神的弘扬与发展，使之成为大学取之不竭的精神源泉，成为砥砺再出发的深沉动力。

（一）发展新内涵

遵循传承与发展相统一的逻辑，即大学精神不仅要向"内"，而且也要向"外"，不仅要溯"源"，更要为"新"。中华民族深厚的文化底蕴是中国大学精神诞生、发展的文化根脉，蕴含着中国大学丰富的文化内涵，激扬中国大学奋勇争先的磅礴气魄。在时代浪潮奔涌向前的当下与未来，大学精神的内涵也应不断扩充与延伸。

（二）提升新境界

要以大学精神为切入点，构建更加宏观、包容、立体、多元的大学文化体系，形成良好的文化生态体系。大学精神的形成主要是日积月累的自然过程，但大学精神的表达、阐释与弘扬是一个需要有意识的、主动作为的行动过程。

这种主动作为包含两个方面，一方面是从"有形"到"无形"，即对大学精神标识的锤炼、打磨。通过挖掘校史、优秀人物史中蕴含的价值元素，提高优良传统和特色文化的显示度；通过重要时间节点的仪式展演不断巩固、加深集体记忆的精神牵引力；通过课程、讲座、社会实践、志愿活动、校园文化活动等梳理大学精神脉络，总结大学精神特征，进一步将有形文化升华为无形文化，形成大学精神的"源代码"。另一方面是化"无形"为"有形"，注重仪式符号的塑造，形成可视化成果。将大学精神中蕴含的价值理念融入人才培养过程、大学建设发展过程、师生日常生活实践中。高校应加强校园文化景观建设，建成一系列与校园文化、校园环境相契合，具有较高艺术品位、体现精神本原的公共文化景观，将大学精神内核"景观化""有形化",形成文化传播的有形场域,增强大学精神的"外显化"。

三、大学精神的时代表征

(一)大学精神是时代精神的精华

大学精神是时代精神的精华与浓缩,同时它也塑造和引导着时代的精神。所谓"时代精神",就是标志社会不同发展阶段、具有特定历史内涵的"生活世界"的"意义";与这个"时代精神"概念相对应,所谓"时代精神的精华",就是时代"意义"的社会自我意识,也就是对时代生活世界"意义"理论的把握。大学精神应是该时代精神的体现,但它不仅仅是一种"时代精神",它是流变的,不断地汲取时代精神中的有机养分,它是"时代精神"的"精华"。

(二)大学精神是大学及大学师生的理想追求

大学精神作为大学及大学师生的理想和追求,是指向神圣彼岸的现实存在。大学作为追求科学和真理的中心,思想的自由世界在大学对理想的追问中也会独立繁荣起来。大学对真理、对人的发展的无限可能性的追求,既是大学精神最深刻的要求,也是大学本身的一种普遍要求。大学的使命就在于爱护、培育并小心护持大学精神,不要使大学的"普照光"对人的本质的自觉熄灭了,沦落了。放弃对真理的追求,自古就被当作最可轻视的、最无价值的事情,也是大学走向深渊的征兆。

四、大学精神的共性与个性

大学精神的形成源于"集体记忆"的传承,发展过程呈现多维的双向嵌入逻辑。同处于社会大背景中的"身份共同体"带有相似的时代印记、思想形态,因此从广阔的视野来看,大学精神具有典型的共性特质,带有相似的文化符号。

(一)红色精神:深植于心的印记

"红色精神"是中国大学在艰苦卓绝的困境与考验之中沉淀的特殊品质。无论是五四运动中坚持"爱国、进步、民主、科学"精神的青年师生,还是当前秉承教书育人、立德树人理念,与祖国共进、与时代同行的大学人,红色基因赋予了大学鲜活的生命力和深刻的感召力,"红色精神"也成为大学不可磨灭的精神属性。

环境越艰难,精神越彰显其本色。国立西南联合大学(简称"西南联大")是中国高等教育史上的一块瑰宝。它诞生于抗战白热化阶段,是政府为保护作为战时"精神高地"的大学而被迫采取的大学合并内迁之举的产物。西南联大聚集了大批学者,保全了中华民族的教育精华,培养了大量人才。西南联大在逆境之中的隐忍与坚守铸就了大学精神的"韧性",广为当今学者传颂。

如果说西南联大所展现的"韧性"与"坚守",与民族危亡生死相连的情感是大学"红色精神"的历史代表,那么在新时代,中国大学的"红色精神"更倾向于内在的精神牵引力。我国任何一所大学都应在党的领导和社会主义核心价值观的引领下进行大学精神构建,任何一所中国大学都不能脱离主流意识形态的价值规训去谈大学精神内涵。

(二)真理为友:追求知识的纯粹

大学的诞生与成长,是追求科学与自由的生长史;大学的发展壮大,是探索真理与真知的进步史。在经历了传统与现代的各种理论纷争之后,大学从社会团体中脱颖而出,成为引领时代发展、社会进步的翘楚。

因不断探寻高深学问的学术特质,大学也成为相对独立于社会的特殊空间,与大众文化相区别,表现为更具理性、前瞻性、创新性。哲学家、教育学家卡尔·西奥多·雅斯贝尔斯在《大学之理念》中提出,"大学是追求真理的共同体"。辨章学术、考镜源流是大学作为学术共同体的应然追求。无论是在逆境中驻守精神高地的近代大学,还是身处经济、政治、文化全面繁荣时期的现代大学,其精神底色均在于崇尚科学、坚持真理。

如今,全球新一轮科技革命和产业变革正在兴起,国际竞争突出地表现为科技竞赛,在此背景下,高水平的学术研究与科技创新能力变得尤为重要。重大科技创新离不开深厚的基础研究以及学科的交叉互动,而大学在这方面具有天然的优势。在纵横交错的学科体系中,在分门别类的专业探讨中,在行健不息的研究实践中,新知识、新理念、新技术层出不穷,成为经济发展、社会进步、科技创新的源源动力。新时代的大学精神必然包含理性、质疑、创新的品质,在知识创新、知识传承方面葆有持续的探索、追求状态。

(三)社会关怀:时代担当的展现

当前,大学应肩负使命担当,在人才强国、科教兴国、创新引领方面发挥作用,在培育和践行社会主义核心价值观、促进高等教育内涵式发展方面彰显价值,以国家重大需求为导向，着力提升科学研究能力与人才培养能力，为经济社会发展和国家战略实施做出应有的贡献。大学应充分发挥"服务社会""引领社会"的重要作用，通过人才培养促进国家经济和社会的发展，通过科学研究发现新知识并带动提升整体国民科学素养，通过科技成果转化驱动高新技术产业发展，通过繁荣哲学社会科学促进文化发展，提升思想引领作用。

（四）千校千面：大学精神的个性

大学精神包含集体价值取向，具有与区域价值取向、个体价值取向不相斥的属性，即大学精神的内涵具有"千校千面"的特点。发展阶段不同、发展境遇不同、所处时代区位不同等因素会导致大学有其特殊的精神内涵。例如，20世纪80年代兴起创建的民办高校，除了具有传承教书育人精神、担当时代责任之外，还体现出拼搏创业、自力更生的个性特征。民办高校的自负盈亏、自主办学也使其具备了更加灵活的办学体制，在吸纳各类社会群体资源、协同办学方面也与公办高校截然不同。同期兴起的中外合作办学机构，吸引国外知名高校、教育和科研机构合作设立教育教学、科学研究项目，把握国际国内"双循环"、国际国内"双资源"，展现了独有的"中西合璧"的精神特质，为我国高等教育国际化"走出去"与"引进来"相结合奠定了坚实基础。

大学精神的个性化体现了大学文化在丰富的社会文化背景下所呈现的多元化风格取向，对大学自身办学理念、办学定位、办学风格、战略规划具有重要的实践价值，对大学精神、大学文化的研究也具有深刻的理论意义。

第二节 大学精神培育的对象

一、大学精神培育的对象界定

在对大学精神培育的概念界定中，相关学者提出了大学精神培育定义的三大要点，即有意识地培育大学精神，用大学精神教育大学人，让大学精神引导高校发展。首先，"有意识地培育大学精神"是指凝练大学精神是一个有意识的行为活动。这里将大学精神看作培育对象，强调对大学精神本身的总结与创新。其次，"用大学精神教育大学人"强调的是通过有意识的教育使大学人内化大学精神，并自觉地传承、创新大学精神。这里强调的培育对象为大学人，即能受大学精神感染的处于校园中的全体大学人。最后，让大学精神引导学校发展，强调的是通过大学精神培育，让大学精神积极发挥作用，引导高校的正确发展。这里将高校本身作为一个培育对象。因此，大学精神培育有三大对象：大学精神、大学人、高校。

以往学者在讨论大学精神培育对象时，更多强调的是对象的单一性。他们或以大学精神为研究对象，或以大学人为研究对象，或以高校为研究对象，很少有人将三者共同纳入研究中。作为大学精神的象征性代表者——高校，实际性创造者、传承者——大学人，具体内容的承载者——大学精神，三者都是大学精神培育全过程中不可缺失的对象。

只有注重对大学精神本身的培育，才能使高校在校园文化、办学理念等方面更多地贴近全体大学人的真实追求；只有凝练出具有代表性的大学精神并将其有意识地传播于校园中，教化于大学人，才能使大学人更深刻地理解大学精神，进而认识学校，并为学校的发展努力拼搏，为真理的追求永不倦怠。也只有在理论上升华大学精神，才能真正保证大学精神的传承性，并最终为推动学校的发展发挥作用。

值得一提的是，如果不将大学精神内化为大学人的思想观念，而仅作为凝练好的以文字表现的思想价值观念，就不能让大学精神获得真正的生命力。

二、影响大学精神培育的因素

大学精神的培育不是一朝一夕的事情，它是一个持续性的过程。在其持续的过程中，一定会受到许多因素的影响，而对大学精神培育或者大学精神产生影响。这主要是因为"联系的普遍性"，任何组织都不能脱离社会关系而单独存在，高校也是如此。那么影响大学精神培育的因素到底有哪些？下面具体从社会环境、高校环境、大学人三个因素着手进行分析。

（一）社会环境

马克思主义基本原理指出，"世界是处在普遍联系中的"，高校作为社会的基本成员单位，其本身就处于社会之中，它并不是脱离社会的纯粹象牙塔。也就是说，处于社会中的高校必然会受到社会的影响，如在市场经济发展方向与发展重点的影响下，高校所开办的新学科与课程设置的调整等。这种因经济环境而产生的实用主义在很多方面已经影响到大学精神。

另外，大学精神不是被固化的思想观念，其是在时间与实践中得到检验并被最终认可的思想价值观念。而保证大学精神得以在时间与实践中顺利通过检验的基础是"与时俱进"。所谓"与时俱进",就是指大学精神在新的时代背景与社会环境中,通过吸收社会中良好的思想观念,保持大学精神的先进性。此时,社会文化中的各种思想观点都可能对大学精神的发展产生深刻影响。

此外,影响大学精神的社会环境除了社会的文化环境、经济环境之外,社会的政治环境也会对大学精神产生影响。国家的政策会直接地影响、导向高校的发展,如国家大力倡导雷锋精神,并要求各单位组织开展相关宣传。高校作为文化前线,是道德精神宣传的重地。在这种优秀品质的感染下,其会不自觉地被大学精神吸收,并融入大学精神的人文精神之中。

值得注意的是,无论是大学师生还是高校都是处于社会之中的个体或单位,社会必然会对大学精神产生影响,从而影响大学精神培育工作的开展。社会与大学精神培育之间的相互影响是不可避免的,那么这就表明大学精神培育的进程也在一定程度上受到社会环境的影响。

(二)高校环境

影响大学精神培育的高校环境主要是指高校的物质文化环境、心态文化环境与制度文化环境,其中影响最大的为制度文化环境。这是因为高校的相关制度会直接影响到大学人的学习与工作。例如,当前一些高校推行的科研考核制度,虽然能有效加强教师对科研的重视,但是削弱了教师对追求真理的自觉性。

此外,将科研作为教师工作表现的重要指标,在一定程度上给教师带来压力,使其对学术的探索转变为被动化的工作状态,甚至会产生排斥心理。这种不合适制度的推行会导致"消极"学术状态的产生,更会严重影响到大学精神的培育。

高校的物质文化环境是指高校的各种硬件环境的配备与展示,包括园区环境的装点与室内环境的营造。高校的物质文化环境是校园文化的重要组成部分,它能在培养人才的过程中呈现出教育功能、示范功能、熏陶功能等,为大学人良好的心理品格与正确价值观念的形成奠定了坚实的基础。高校的物质文化环境是大学精神的重要载体,如果一所高校一味地求新、求变,在校园建筑上就会力求"新",频繁地翻新老建筑,会破坏校内的历史文化,从而影响大学精神的培育。一所高校的新校区往往不如老校区的大学精神明显的原因也在于此。

高校的心态文化环境主要表现在办学理念与追求、校训、校史等方面,能体现大学精神的理念性文化形态。例如校徽,它体现出一所高校的办学理念与追求目标，也蕴含着一所高校的悠久历史与文化。它作为大学精神的代表，不仅能体现大学精神，更能传播大学精神，那么对大学校徽设计的科学与否就会对大学精神培育产生影响。

（三）大学人

大学人对大学精神培育工作的开展也会产生重要的影响。其中以教师群体的影响最为深刻，这是因为：其一，教师作为学生的表率，其言谈举止、思想观念都会直接影响大学生。高校教师对大学精神的认可程度，往往在其不自觉的言谈举止中表现出来，受到教师影响的大学生也会对大学精神有着相同认知。好的认知会推动大学精神在大学生中的培育进程；对大学精神持有不认可或怀疑态度的认知，会影响大学精神在大学中的推行。其二，教师作为学校的智囊团，在大学精神的总结凝练、传承创新中具有重要作用。他们提炼出的大学精神是否符合时代的要求，是否能代表全体大学人的价值取向、精神观念都会影响大学人对大学精神的接受程度，从而直接影响大学精神的培育工作。

值得注意的是，大学生作为大学精神的受众者、传播者、传承者，虽在初期受教师、校园环境等的影响较多，但在校园中其在接受大学精神的同时，也会受到社会文化的冲击，他们能否在受到社会的影响后还接受大学精神、内化大学精神，这种可变性因素的大小会直接影响到大学精神培育工作的成效。而且，大学生群体之间也会产生影响。如果他们大多都能对大学精神持以认可态度，在大学精神培育过程中就会起到推动作用，反之亦然。

此外，还要强调的一个对象便是大学行政层，特别是决策层对大学精神的培育也产生重要影响。行政层决定学校的发展方向，如果行政层重视大学精神的培育，就会有效推进大学精神培育工作的开展，反之亦然。

第三节 大学精神培育的逻辑理路

一、大学精神培育的必要性

与其他组织不同的是，大学不以营利为目的，具有准公共物品属性，难以通过市场方式进行配置，而高等学校是向社会输送人才的重要基地，且社会发展离不开精神支撑，大学精神作为整个人类社会文明的高级形式，任其没落，将会导致大学沦为缺失灵魂躯壳的不良后果。基于此，重塑大学精神的必要性显而易见。

（一）培养合格人才的需要

1. 合格人才需要大学精神为底蕴

改革开放以来，中国经济发展的成就有目共睹，普通家庭在子女教育上的投入意愿越来越强。但仅依靠良好的物质条件不足以孕育丰满的个人心灵，在物质极为丰富的大背景下，大学生精神文化培养的道路不是一帆风顺的，突出表现是办学目标的工具化倾向和科学人文精神的滑坡。

2. 大学生个性发展需求

文化事业不断繁荣发展，公众在物质需求得到满足的前提下，对精神文化的渴求与日俱增，人们日益增长的精神文化需求与现实对人的约束形成强烈反差，大学生群体在基本文化素质方面的显著提升毋庸置疑，但是，从客观层面上看，个性发展所需求的精神文化存在缺失，从主观态度来剖析，大学生追求精神文化的自主性、自觉性仍然不足。

精神文化产品的质量总体上不高。线上产品是大学生消费精神文化产品的主要阵地，但是在线上从事精神文化产品生产的企业规模不大，规范性有待加强，技术水平不高，创新能力稍显不足，生产的产品大多一般化，同质性明显，良莠不齐，社会效益和经济效益相统一的文化活动还不丰富。大学生的文化消费格调不高，不少人热衷于低层次的娱乐活动，对高层次的文化娱乐活动少有投入，这与大学生的家庭收入条件以及自身对精神文化需求的自知程度有较大的相关性。现有的文化活动难以让大学生获得优良体验与精神上的满足。

当前已有的文化产品无论是在质量上还是在数量上，都难以满足大学生精神上的需求。对此，一方面，要从经济上推动精神文化产品降价，提高可得性；另一方面，要通过重塑大学精神、提炼更多蕴含丰富意蕴的大学精神内容来引领大学生主动充实自己的学习与生活，满足自身的个性需求，提升整体文化素质。

（二）服从教育规律的需要

1. 不断推进学术自由

自由是指不受限制和阻碍，可凭借自我意识行动。学术自由是指学术界享有的不受外在阻碍进行科研、教学等的权利，学术自由是学术工作者相对独立的表现，不受任何外界压力或经济利益的影响。

在治理理论视域下，学术自由即学术保持独立自主，是追求独立自主大学精神的体现。学术自由是相对的、有限度的，没有无权利的义务，也没有无义务的权利。学术研究要避免滥用自由，学术研究者享受自由应当在合理合法的范围内。"学术任性"与"学术自由"是截然不同的概念，学术自由不是指学术工作者能够随意改变工作时长、更改教学大纲和教学计划的原定目标，他们的科研和教学工作要对学生负责、对自己负责，对高等教育发展负责。

与学术自由概念互为对应的是学术责任，学术责任得以保障，有两个方面的因素，一方面来自外界的学术规范，另一方面则是学者自身的学术道德。由于学术具有特殊性，社会给予大学较高程度的自由，秉承将独立、自由、求真作为引导的大学精神，更应符合学术规范，培养较高的学术道德。没有学术自由，难以实现学术繁荣，没有学术责任，学术自由会成为一把向内的利刃，最终不利于学术的发展。坚持学术自由的同时，加强学术责任的建设，方能推动独立自主大学精神的长远繁荣发展。

2. 新兴探索民主治校

在充分尊重个性表达的时代压制不同于主流的观点，不仅难以取得良好的效果，而且还有可能形成强硬的风格，不利于构建和谐校园。民主独立的精神是大学得以持续发展的重要力量，坚持科学、民主、依法的治校理念，与时俱进，能够为构建和谐校园创造更多的有利条件，提供良好的群众基础，构建有效的制度保证。

民主治校可以说是一所大学在精神文明上的基础性建设工程。在治理理论视域下，任何有关学校整体发展规划的问题、与教职员工切身利益相关的问题，在学校党政领导班子正式做出决定前，都要尊重多元主体的意见，通过民主协商等形式研讨问题，多途径广开言路，集思广益。

只有充分尊重教职工的意见和建议，在听取群众意见的基础上进行决策，在大型会议上展开充分的民主讨论，衡量各方意见后制订出来的方案才会考虑得更为全面，公众对决策的认同感也会增强，从而有利于可行性的提高。学校要通过不同的民主治校形式和载体，如学术委员会、教职工代表大会、学生代表大会等，选取这些最能反映广大教职员工心声、代表大学生求实需求的平台，提交方案进行审议。

进入 21 世纪以来，联系社会和学校的实际情况，高效、科学地把握教学科研动向，在办学挑战面前，学术委员会进一步总结经验，充分发挥学术独立的优势，院系充分尊重学术委员会的意见，进一步解放思想、开拓创新，通过一系列制度化、规范化管理，切实行使民主监督和管理职能。对于教职工管理，高效、广泛地倾听教职员工的呼声，完善校（院）务公开制度，有效组织教代会，发挥民主监督的作用，更好地服务教职工，保障其基本权益。对于学生自治管理，则通过民主投票组织成立学生代表大会，充分发挥学生会的职能，切实保障学生的切实利益。

坚持民主治校，是认真践行以人为本重要思想的生动体现，是保障大学精神重塑在治理理论视域下顺利推进的重要前提。大学坚持民主治校，通过教职工代表大会、学生代表大会等，民主推选出各级代表，集中民智，真正反映了教师的学术追求，为教职工和学生的利益发声，为建设高水平大学打下坚实基础，营造出一个民意能够通过顺畅渠道得到表达的氛围。

（三）引领社会发展的需要

1. 改革开放伴随的交流引进

40多年前，改革开放打开了对外交流的大门，中国坚持走具有中国特色的社会主义道路，在经济繁荣昌盛的同时，更有各种热点问题。这些热点问题都从侧面反映了在各种精神文化发生激烈碰撞之时，功利主义、金钱至上、淡漠心理等，都在影响着人们，致使人们的价值观念发生了极大的改变，中国的大学精神不可避免地受到影响，这也对中国大学精神的重塑提出了新的时代要求。

毛泽东曾说，"人是要有一点精神的"。一个人如此，一个国家更是如此，大学精神是国家精神的组成部分，更是社会发展到一定程度的产物，高校师生应有优良精神。缺乏精神的人"缺钙"，就像得了软骨病一样，难以肩负民族复兴、国家富强的重大使命。有优良大学精神的引领，改革开放才能实现更高质量的发展。

2. 市场经济带来的优越物质

市场经济的号角吹响以来，中国共产党实事求是，将马克思主义与基本国情紧密结合，深入探索社会主义市场经济理论，做出了许多新的尝试，也取得了较大成就。在计划经济体制下，生产力被极大地束缚，而市场经济体制的确立，正是对生产力的极大解放与发展，国家经济40多年来一直保持稳定增速，国家综合国力明显增强，人民富足，物质极大丰富，人们的基本生活得到保障。

在物质建设高速发展的时代，大学的硬件设施不断完善，然而优越的教学环境、先进的教学设备并不代表优质的教学服务和振奋人心的大学精神，优越的物质条件一方面可以改善师生的体验，给人以正面向上的力量，但也可能消磨人的意志，将改革重点放在硬件设施上，而不注重内在气质的培养，这是没有远见的做法。只有培养出优良的大学精神，高校才能为社会培养合格人才。只有用智慧推动社会生产力的加速进步，中华民族有了优良的精神，改革才能得到进一步更高质量的推动和深化，让中国改革开放巨轮扬帆起航、乘风破浪，取得一个又一个新的胜利。

3. 法制建设的推陈出新

大学作为高等教育发展的重要主体，必须为社会培养懂法守法的人才，相对而言，我国全面推进依法治国难度较大，中国的高等学校数量众多，且在社会上的公众认同度较高，应当在推进依法治国方面发挥标杆作用。

在实际生活中，不懂法、以权压法、以身试法、以言代法、知法犯法的情况仍然存在。全面推进依法治国的重头戏是要让法律得到实施，做到有法可依，有法必依。中国高校要紧跟时代的步伐，改革管理模式，学习先进人物的精神事迹，做引领中国精神的主要力量，全面推进依法治校，为推进高等学校依法治校开展一场广泛而深刻的革命。

依法治校必须从大处着手铺开，全面部署，从细处做好落实到位，在法治轨道上不断推进学校治理体系和治理能力现代化。在全面深化改革的时代背景下，在全面推进依法治国的基础上依照章程开展学校的各项工作，坚持在法治轨道上深化改革。

（四）构筑中国精神的需要

1. "中国精神"的深厚支撑

大学是具有传播知识、科学研究、服务社会功能的重要阵地，承担为国家和社会输送社会主义建设者和接班人的神圣任务。大学精神是一个大学内在气质的重要反映，中国大学精神是中国精神的重要组成部分，大学精神目前表现出的状态难以推动催人奋进的中国精神的构建。

2. 民族精神和时代精神的呼唤

习近平总书记在党的十九大报告中指出，为人民谋幸福，为民族谋复兴，就是中国共产党人的初心和使命。在党和政府的领导下，2019年中国经济增速符合预期目标，民生福祉不断提升，"夜经济""5G元年""基层减负年"等热词反映了我国经济与科学技术发展的风向标。

中华民族在几千年的发展历程中饱受挫折，却能不断浴火重生，生生不息，归根结底在于积淀了坚定的精神追求，在漫长的历史岁月里形成了延安精神、长征精神、抗战精神、航天精神等民族精神和时代精神，这种强大的精神动力鼓舞着中华儿女奋发进取，战胜困难，没有了中国精神支撑的中国大学精神，是没有灵魂和思想的躯壳。

3. 核心价值观的明确要求

中国是一个多民族国家，坚持中国特色社会主义制度和完善国家治理体系，有助于形成强大的向心力和凝聚力。在大学校园里，学生与教师是主体，教师又分为学校管理层、普通教师及服务人员。学生群体在高校学习、生活，与学校共荣辱，优秀的学生能够树立起大学精神的榜样，走出社会后也能够创造更大的价值，传承并创造大学的精神文化；学校管理层通过制订宏观层次的战略规划，构建并管理系统组织机构，整合利用资源，对学校的运行起到指导作用；学校的普通教师承担起了教学的主要任务，通过讲授课程、参与科研项目等形式，直接或间接地影响着大学生的成长成才；后勤服务人员在方方面面潜移默化地影响着学生群体。大学校园各主体共同推动理想信念教育的常态化、制度化发展，完善和弘扬社会主义核心价值观，推进中华优秀大学精神的传承与发展。

二、大学精神培育的逻辑归因

大学精神虽然在大学的发展过程中发挥着重要作用，但与当下大学评价导致的大学影响力相比较，正日渐式微。急切呼唤大学精神回归，大学精神的培育迫在眉睫。

（一）大学的本质呼唤大学精神的回归

《大学》中指出："大学之道，在明明德，在亲民，在止于至善。"然而，进入21世纪以来，大学在原有的三大功能——人才培养、科学研究与社会服务上，发生了较大转移，不平衡性越来越凸显，一些大学定位不准，教师职责发生偏移，普遍把精力转移到所谓的科学研究上。在现今大学的本质——培养人才被忽视的境遇下，仍需要热切呼唤大学精神的回归。

（二）"双一流"建设需要重塑大学精神

"双一流"建设是党中央、国务院从国家和民族长远发展的战略高度，对高等教育事业做出的重大部署。"双一流"建设要求大学不仅要成为支撑改革发展的"人才库"、推动科技创新的"进步源"和产生思想理论的"策源地",还要求大学必须具有崇高的使命感和责任感,具有敢为人先的学术创新精神,要求大学师生必须具有独立人格和独立思想,培养出社会责任感强、创新创造能力强、社会实践能力强、具有担当精神的一流人才。

如何推进"双一流"建设的要求落地,真正建设一批世界一流大学、一流学科,使中国大学在世界大学的舞台上占有更高地位,同我国经济社会发展相适应,为实现中华民族的伟大复兴奠定基础,高等教育迫切需要重塑大学精神。只有在大学精神的引领下,我国高等教育才能取得更大的发展,"双一流"建设才能真正取得成效。只有建成一批世界一流大学和一流学科,才能切实坚守现代大学本质,培养出有理想、有道德、有文化、有纪律的"四有人才"。

三、大学精神培育的逻辑要求

大学精神的培育必须遵循社会主义文化发展规律与高等教育办学规律,满足社会对大学的期望。因此,大学精神的培育必须始终坚持社会主义方向,始终坚持学术第一原则等。

(一)始终坚持社会主义方向

第一,大学精神培育必须始终坚持社会主义方向,这是由社会主义国家的性质决定的。大学是社会的重要组成部分,不可能脱离社会而存在,任何国家的大学都必然深深烙上国家的印迹。我国是社会主义国家,我国的大学必然具有鲜明的社会主义属性,作为大学灵魂的大学精神必然要坚持社会主义方向。

第二,大学精神培育必须始终坚持社会主义方向,这也是由大学的办学体制决定的。我国大学实行的是党委领导下的校长负责制,我国大学必须坚持党的领导,坚持马克思主义,用中国特色社会主义理论体系武装师生头脑,这一办学体制要求大学精神培育必须坚持社会主义方向,只有这样才能进一步加强党的领导,使培育的大学精神符合党和国家对大学的要求。

(二)始终坚持学术第一原则

第一,大学精神培育必须始终坚持学术第一原则,这是由大学的使命决定的。学术研究是大学的重要使命,大学是研究学问、追求真理的地方,学术研究是大学区别于其他教育培训机构的重要标志。追求真理、探索未知，是对大学的根本要求，也是大学进行学术探究的必然过程，大学精神的培育必须将学术研究作为第一准则，摆在大学发展的核心位置优先考虑。

第二，大学精神培育必须始终坚持学术第一原则，这是由大学教师的使命决定的。大学教师不同于其他教师，开展学术研究是大学教师的职责所在。大学教师既要教书育人，担负起为国家培养人才的重要任务，也要潜心研究，担负起为人类社会发展创造新知识的重要使命。

第三，大学精神培育必须始终坚持学术第一原则，这是由大学生的使命决定的。人才培养是大学的首要职能，大学精神决定着一所大学培养什么样的人、怎样培养人。大学生不仅要有开展学术研究的能力，还要有进行学术研究的热情，更要有从事学术研究的品性。大学生要崇尚学术、追求学术，以学术为自身成长成才的使命。因此，大学精神培育必须始终坚持学术第一原则，是大学、大学教师与大学生的共同使命所在。

第四节 大学精神培育的路径选择

大学精神的培育是一项复杂的系统工程，按照治理理论的观点，单纯依靠其中某个主体难以实现大学精神的重塑。大学精神具有抽象性，且其重塑主体多元化，随着社会经济环境的进步和发展，多元主体之间相互关系的维系和协调，各主体与大学的关系都发生着一定的变化，更可谓任重道远。

一、强化法治保障

治理理论主体多元，同时也有主体间责任界限模糊、主体间权力互动的特点，无论是高校与其他主体，还是高校内部各主体间，平等、民主、多中心的网络管理体系必须建立在法治保障的基础上，治理关系以契约为主要形式，为此，加强法治文化建设与推动依法治校实践的重要性不言而喻。

（一）加强法治文化建设

尽管普通高校都会组织大学生参加各类文化活动，但是宣传法律知识的相关内容较少。随着信息技术的发展，违法犯罪行为也有了新的形式，大学生对一些新型犯罪行为缺乏清晰认识，学校缺乏对学生进行相应的金融知识宣讲，有些大学生正在挑战底线却不自知,还有部分大学生未能意识到自身在知法懂法守法用法上应当起到带头示范作用。

高校教师作为教书育人的典范,应当在学习法律知识方面起到带头示范作用,努力提高自身法律素养,做到依法进行教育教学工作,依规参与重大决策,理性表达自身诉求,为深入推进高校法治文化建设做好表率,创新教学理念和授课方法,根据学生特点给予有针对性的引导,减少知识漫灌的做法,突出优势和重点,加强学习,多方借鉴。

此外,教师应当积极与社会单位,如司法机关、法治教育基地等取得联系,开发能够对学生产生深刻影响的基地资源,学生切身参加与法律内容相关的实体机构的活动,能够得到更直观的感受,能够对法律常识有更进一步的理解;充分利用校园主流媒体对校园法治文化进行宣传报道,将常规活动做出特色和新意,推进校园法治文化建设向纵深发展。

学校要利用各种形式宣传法治文化,利用好国际消费者权益日、宪法日等,对高校师生进行相关的法律知识宣传,对于思想道德修养与法律基础课程中的法律部分,调动力量开发生动、易懂的慕课资源,校园内要利用好与不法行为做斗争的正义典型,鼓励与宣传相关事迹,培育师生对法律的崇尚和信仰,校领导要带头营造以公平正义为核心的法治文化氛围,依法办事,不因人而异,也不因人情姑息纵容,依法治校从学校管理做起,为师生树立榜样,增强大家在心理上对法律法规的认同感以及在行为上对规则的遵守与敬畏。

(二)将依法治校付诸实践

实现依法治校,第一,要完善学校的规章制度,充分考虑制度制定和实施的合法性和合理性,牢固树立以人为本的思想,在制度制订时充分听取师生的建议;第二,要坚持程序正当,高校应当建立一整套严格规范的程序体系,建立公开听证制度以保障师生的知情权和决策权;第三,要对校园规章制度的执行实行民主监督,及时公开信息,师生应当认识到自身在监督和促进校园进步方面的重要性,对于违反法律的行为要予以揭发,学校要对不法行为进行披露,起到负面典型教育的作用;第四,要健全校内申诉制度和救济制度。在学校与个人的纠纷中,师生作为个体偏向劣势的一方,法律的原则规定,有权利必有救济,换言之,没有救济,权利也失去了核心要素,在这种状态下,权利是没有得到保障的。我国各大高校都建立了以《中华人民共和国教育法》和《中华人民共和国教师法》为基础的申诉制度与体系，但仍有许多师生不熟悉申诉规定的内容，对于自己享有的权利了解甚少，高校要加大对师生救济制度宣传工作的力度，在学校内部提供专业、公益性质的法律救济途径，为公众监督提供渠道，这在实质上也是给不合规的行为提供了内部处理的机会，能够有效减少侵权行为，使规章制度的公正性得到保障。

二、丰富校园文化

在治理理论视域下，高校是大学精神重塑的重要主体，校园文化是大学精神的组成部分，大学精神在大学校园里孕育，高校既要在软件方面坚持挖掘校园传统文化价值，建设校风文明，又要在校园硬件上尽力展示文化环境特色，多途径推动校园文化的发展。

（一）挖掘校园传统文化的价值

大学精神的培育建立在高校创办之初、发展壮大、持续前进的历史基础之上，创办之初的艰苦卓绝，发展时的意气风发，前进时的无所畏惧，不同的发展时段都承载着特殊的价值理念和目标定位。大学需要在回顾历史的过程中，提炼形成一所大学的精神文化，并逐渐补充直至成为力量的源泉。

中华文化源远流长，优秀传统文化中蕴含的各种思想、各类方法，都为我们培育大学精神提供了营养。对于大学精神的文化熏陶，对待既往历史应该抱着一种庄重的态度，对历史满怀温情的同时，以一种更高远的现代视野，求得大学精神重塑所需要汲取的丰富养料。

（二）彰显校风文明

校风能够体现高校师生的精神风貌，而一所高校的校风可以通过教师、班级、学生等体现，蕴含在学校的处事方式与校园环境中，良好的校风可以形成强大的同化力、促进力和约束力。校风是一所学校个性的外在表现，尽管难以真实触摸到，但是它能使一所大学的独有气质以及丰富的文化底蕴得到外在表现。大学精神与校风密不可分，可以说，校风就是大学精神体现的主要方面。

从主体来看，一所大学的校风受到学校管理者、教师、学生的影响，管理者的工作作风体现在遇事时的处理方式、领导艺术等方面，在校风建设中，管理者要提高认识，重视起这项工作，在治理理论的指导下，利用好各方主体优势，凝聚力量，落实整体工程，注重发挥教风的示范作用，引导高校教师在教育事业上树立崇高的理想，真诚关爱学生的同时，加强对学生的管理，顺应时代要求承继创新良好校风，为重塑大学精神做一些实际工作。

教师在道德、才学、作风、素养、治教上的表现称为教风，教学工作是高校工作的重要内容，良好的教风除了能够引领优良学风的形成与稳定外，也对学校的高质量发展起到积极的作用。教师应当提升自身素质，养成严谨、踏实的科研与教学习惯。学生对待学习的精神、态度和方法的综合表现则是学风，学生是学校的主体，学风既来源于学生，又对学生起到反作用，优良的学风催人向上，不良的学风则令人萎靡。处在发展关键期的学生要认识到自己的责任与义务，尊师重教，遵守规则，做好学习的本职工作，不断提升自己的技能与素质，为建设优良的学风、促进学校发展做出贡献。

（三）展示文化环境特色

国内许多高校在校园景观的建设上投入了较多精力与费用，校园里花草树木、亭台水榭等景观基本具备，这些在有限的校园环境内占据相对比较多的空间，是校园环境硬件的组成部分，对于宣扬校园文化，促进大学精神的发展起着一定的作用，但是高校对文化类景观重视不足，文化类景观则多限于名人雕像、名人名言等，更多的则是应合时政的宣传类陈设。

高校要对本校的文化进行深入的剖析与挖掘，分析优劣，进行提炼；要合理开发利用环境载体，在校园环境中重点体现本校特色内核，为师生创造催人奋进的文化氛围，促使身处其中的师生自觉融入尊重、传承和创新大学精神文化环境中。在校园环境有限的情况下，要充分利用现代信息技术进行展示，多开展校史校情教育，采用展览、比赛等方式，展示校园特色，使广大师生对校园精神有基本的了解。与此同时，学校要加强与国内外高校的交流与沟通，学习借鉴现代教育发展的最新成果，对先进的做法加以学习，努力达到传统文化和现代教育间的最佳平衡点，并将精神文化通过合理方式外化为和谐美丽的校园环境。

三、创新理念和体制

（一）构建民主管理新体制

对于高校教师，学校既要坚持行政上的领导与日常管理，又要负责对教师的学术水平进行评定。在管理过程中，应当构建充分民主的体制机制，依据大学章程进行管理，利用教职工代表大会、座谈会等了解教师的发展诉求，尊重教师的个性表达与学术自由，多听取教师群体的合理建议，并对不足之处做出改进，不断丰富大学精神的内涵。

对于大学生群体，学校主要以班级形式组织各类教育教学活动。高校专任教师与学生的交往主要在课堂上，下课后较少有交流，学生辅导员负责学生的日常管理工作。部分学生选择加入学生会或其他社团组织，高校学生会既是大学文化和提供服务的载体，又是学生成长的重要平台，具有重要的育人功能。根据当前大学生群体的特点，高校要注重发挥学生自我管理、自我教育的作用，通过学生的自主活动进行德育。

学生会等社团组织除了协助学校完成工作外，也为大学生相互联络交流提供了平台，使学生参与社会活动的意识和责任心得到培养。

（二）坚持多元协同新理念

多元，强调对大学产生影响的实体的多样性；协同，是指各主体之间的良性互动关系，针对企业、政府组织、非政府组织、公众与高校的关系，大学精神的多元影响基于大学、政府、社会和市场中多个利益相关者相关度大小而对应不同的权责。通过多元参与，能够为解决大学问题提供更多可能的路径，为大学发展服务，引领大学精神。

在多元治理空间中，多个治理主体参与，由于相关性存在区别，各主体承担的责任不一，与高校的利益相关度有差别，所以对应的权力大小也有差异，多元治理是各治理主体互动的过程，以协商、参与机制为基础，各主体相互协作。多元利益主体如教师、行政人员以及其他利益相关者的责任将通过治理过程进行分配，实现高校管理系统的正常运转。

四、高扬正确价值观

大学精神在坚守传统优良品质的基础上进行重塑，离不开正确价值观的引领，大学精神的重塑必须坚持社会主义核心价值观、优秀传统文化价值观及教师职业道德的引领。

（一）坚持社会主义核心价值观的引领

大学生成长过程中应当追求正确的价值取向，从一些典型的事件中，我们可以看到在一些大学生的价值观念中，享乐和拜金思想十分突出，亟待正确引导。近年来，受到一些平台的影响，部分大学生超前消费、校园贷的问题突出，借钱炫富、超前消费的事件层出不穷，在畸形消费观的推动下，贷款行业甚至有了一系列配套服务。炫富已经成为一种"传染病"，在大学生群体乃至青年中传播开来。

诚信的丧失和投机取巧的思想也并不罕见，考试是检验学生学习情况和考生诚信价值观的重要方式之一，成绩在一定程度上直接反映了学生的学习情况，然而，总有人想通过作弊蒙混过关。追求个人利益和生活质量的改善无可厚非，然而拜金主义和完全的功利主义对个人而言不利于全面发展，同时也会对社会主义市场经济的正常运行产生极大影响，从宏观层面来说，更不利于社会主义和谐社会的构建。

（二）坚持优秀传统文化价值观的引领

当前，大学是追求自由与真理的沃土，学校应当深入挖掘优秀传统文化价值观的内涵，通过大学生喜闻乐见的方式，将优秀文化根植于师生心中，利用榜样的力量，善用奖励措施与惩罚措施，宣传引导，开展有利于学生发展的实践活动，为学生做到知行合一提供机会。青年强则国强，处于青年时期的大学生应当孜孜不倦，培养自强不息的奋斗精神。大学生一方面要认真学习专业知识，增加自身的学识积累，同时增强自身身体素质与心理素质，为投入社会主义事业建设奠定良好基础，要积极参加学校、社团组织的社会实践活动，将课本知识与实际生活结合起来，做到知行合一；要充分认识到学习的重要性，了解大学结束后自身所应具备的能力与素质，做好职业生涯规划，树立远大理想，重视自身精神生活的丰富，关心国家大事，保持追求真理的热情，勇于对不合理的地方提出质疑，不盲从大众。广大学生党员、班团干部要发挥带头作用，乐于奉献，为同学服务，践行热爱祖国、乐于奉献、团结友善、尊老爱幼的观念。

（三）坚持教师职业道德的引领

马斯洛需求层次理论告诉我们，个体在社会中生存发展，必须满足基本的生理需求，获取必要的物质条件，温饱问题解决后，更需要精神上的心灵慰藉，而这一切首先得益于为我们提供安稳环境的祖国。

我国坚持社会主义办学方向，高校是为建设社会主义输送人才的重要阵地，大学生正处于世界观、人生观、价值观逐渐趋于稳定的重要阶段，教师作为引导者，必须履行好维护国家利益的义务，遵纪守法。教师必须要有崇高的信仰，除做好自己的本职工作之外，更要创新工作方式，走进大学生的内心世界。

大学生处在成长的特殊时期，有独立思考的能力，也有自我选择的权利，相比中学时期，其自主性极大地增强。大学教师在教学与科研之余，也应当做到关心、爱护学生，不光是学业上的教导，更有品格的锤炼，努力为学生成长成才贡献力量。

在信息爆炸的时代背景下，大学教师要确保知识储备足以解答学生的疑难问题，要积极参加各类培训与竞赛活动，增强自身的教学能力与知识积累。加强师德师风建设，教师要遵守规则，时刻牢记负面案例的后果，严格要求自己，杜绝学术腐败、作风不正等问题。

五、建立德才兼备的团队

教师只有运用多种方法、多种途径来不断充实和完善自身素养，才能吸引学生积极投入工匠精神的理解和实践行动中。

（一）提供一个"凝魂聚力"的师资环境

一些高校尚不具备先进的人才引进机制，并且在编制、招聘计划的影响之下，很难引进那些实践经验比较丰富的企业人才和兼职教师，正因为如此，学校更应当进一步为年轻教师提供良好的支持和发展的环境。例如，院校设立专项科研课题基金以用于教师学术研究，购置图书资料、教学仪器等物资。另外，学校应根据教师承担任务及培训实际情况，制订细节计划来落实权益保障和激励机制、提升教师社会地位提上日程。只有这样，才能让教师在个人修养、教学思想、课程建设和科研能力方面使教学生涯有目标、有潜力、有方向；只有这样，才能让教师作为榜样继续督促学生不断学习。

（二）打造一支"能说会做"的师资队伍

当前高校中的师资队伍整体素质都在不断提高。因为职业教育的使命就是要让每一个学生都有"人生出彩的机会"，为打造一支"能说会做"的师资队伍，也要求教师教学的目标要回归常识、回归课堂、回归学生，学校可聘请高级顾问和专业带头人组成一支结构合理的"双师型、双能型"队伍，也可选派教师出国进修，将国际职业先进经验带回学校并进行本土加工，然后将这些经验带给更多同事的同时，也能在自身教学能力、理论水平与科研教研水平方面有很大的提升。

如今，要提倡教师立足本职工作，秉承爱岗敬业勇担当、立足岗位苦钻研与言传身教巧带生的原则，通过为学生制定"学生套餐"，运用引导、鼓励、交流的方法主动与他们谈心，使学生养成崇尚技术、钻研业务、踏实细致的作风。只有教师将工匠精神的教育始终贯穿其中，细心、耐心地把工匠精神灌输给学生，才能打造出优秀的课堂文化，充分发挥其文化育人功能。

（三）成为一名"德艺双馨"的双师型教师

一是学校应坚持"以赛促建、以赛促教、以赛促学、以赛促改"的"一赛四促"原则，教师通过参与实践技能大赛等，不仅要树立掌握急需的专业技能的紧缺意识，还应树立自主学习、终身学习和提高技能的意识。

二是高校应加强"双师型"教师培训基地的建设，向教师推行适当的岗位，对教师进行企业实践或培训，逐步形成高质量、有特色、覆盖面广的职业院校教师培训体系。

三是高校应充分发挥本校现有的老牌师资团队的带头引领作用，通过自荐或者举荐等方式到实训基地、劳动教育培训基地亲自指导新任教师，达到"以老带新，互帮互学，共同提高"的效果。

四是教师要高效利用寒暑假审视以往自身存在的问题，通过查阅资料、亲身实践等多种途径学习先进操作技术和经验，不仅能逐步提高自己的教学能力，还能推动教学风格的形成，努力成为一名"理论与实践的零距离接触"的"双师型"教师。

六、强化大学生的爱国主义教育

发展大学生爱国主义精神的教育工作中仍然存在有待提升和改善的问题。针对上述问题，相关教师要设计有关改善与提升的方案，引导学生通过多角度、多元化内容感受爱国主义精神，为发展大学生的核心素养奠定良好的基础。

（一）加强运用多元化爱国主义教育方法

爱国主义教育方法单一化的问题可以通过探究多元化教育方法的形式进行。首先，可以通过爱国主义教育活动对学生开展教育工作。活动的形式和内容比较多元化，在设计教育活动期间，不必受过多的限制，教师可以以爱国主义教育为核心，设计多元化的活动。在活动过程中，教师可以以演讲、表演等多项内容为基础，以多元化的特点呈现爱国主义教育元素，使学生在愉快的活动氛围中接受爱国主义精神的熏陶。

另外，教师可以将爱国主义教育与多项学科结合对学生展开教育工作。这种形式不仅有利于爱国主义教育效果的提升，同时能够帮助学生在学习基础知识过程中掌握更多知识，提高综合素养。例如，在世界史"民族主义及其对国际关系的影响"的教学工作中，可体现爱国主义教育元素，通过讲解民主主义对国际关系的影响，引导学生对民族主义产生更深的认识，使学生重点关注民族主义对国际关系的影响。在教学过程中，可充分体现爱国主义教育元素，引导学生通过对基础知识的学习延伸至对爱国精神的学习，进而达到良好的教育效果。

（二）注重融入爱国主义教育实践元素

实践是验证理论知识、探究理论知识的主要途径。在爱国主义教育工作中，教师不仅要注重理论知识的传递和教育工作，同时要注重增添实践元素，以理论与实践相结合的形式促进学生综合能力的发展，强化学以致用的教学效果。实践元素的融入可以体现在多个方面，无论是学校内的教育工作还是校外教育环节，均可以以爱国主义教育理论知识为核心，利用实践性较强的教学方案对学生进行引导，从而促进爱国主义教育效果的提升，提高学生的实践水平。

教师可以在学校教育活动中融入实践元素。对此，学校在开展爱国主义教育工作期间，可以融入辩论活动，依据历史与爱国主义教育元素相关的资料，引导学生进行分析、探究和辩论。通过辩论，学生的思维能力有效发展，同时学生的综合素养在实践性的辩论过程中不断得到提升，进而促使学生建立更加完善的社会观念，从而达到较强的教育效果。

另外，课外实践教育方式是非常适合大学生爱国主义教育工作的有效方法。教师可以将爱国主义教育结合参观博物馆、纪念堂等形式进行推进。同时，为了符合大学生身心发展的特点，教师在设计课外实践活动期间，应当以爱国主义教育内容为核心，设计具有针对性的实践教育方案。因此，实践教育方式是夯实学生爱国精神理论知识的主要途径，大学教师应当将爱国主义教育内容拓展至实践教育工作中。

（三）根据社会热点元素开展爱国主义教育

教师可以通过社会热点元素对学生开展爱国主义教育工作，在爱国主义教育内容中融入新颖元素，从而促进爱国主义教育效果的提升。

大学教师可以充分利用此类社会热点新闻元素，对学生展开爱国主义教育工作，使学生在实际新闻中感受到爱国主义教育。同时，教师可以利用学生身边的实际案例对学生进行引导，使学生接受爱国主义教育元素的熏陶，从而促进学生综合素质的发展。

（四）利用创新性、拓展性的爱国主义教育方案

爱国主义教育方案不仅可以通过基础性的课堂教学方式推进，同时可以利用创新性、拓展性的教育方案对学生开展爱国主义教育工作。现代互联网技术的发展和应用为爱国主义教育工作提供了大量的素材和教育方案，提升了爱国主义教育的效果。

对此，教师可以通过互联网共享性特点，为学生搜集更多的爱国主义教育资料，使学生感受不同爱国主义教育资料带来的触动。同时，教学方式可以拓展至互联网线上方式，以线上沟通渠道促进爱国主义教育效果的提升。因此，在开展爱国主义教育工作期间，教师要善于利用创新性、拓展性的教学方案对学生进行引导，从而更好地提升爱国主义教育的效果。

（五）创设多元化爱国主义教育途径

爱国主义教育途径的多元化是促进教育效果提升的重要环节。将爱国主义教育途径与多项教育途径结合，不仅可以提升学生对爱国主义精神的理解程度，同时使学生在多元化爱国主义精神的影响和熏陶下，发展学生的综合素养，达到极强的教学效果。

线上教育途径是十分适合融入爱国主义教育元素的有效方式，大学教师可以将爱国主义教育元素通过线上教育方式引导学生将爱国主义精神融入不同的学习环节中。同时，为了提升爱国主义精神在线上途径教育的效果，教师可以将活动元素融入其中。

（六）通过校园文化深化爱国主义教育工作

将爱国主义教育元素融入校园文化中，以校园公众平台、校园广播、宣传栏等多种途径进行教育和宣传，是提升校园文化作用及发展学生综合素质水平的有效方法。例如，学校可以每周固定时间在校园广播中融入爱国主义教育元素，通

过广播形式将爱国主义教育传递给学生。

另外，学校可以创建微信公众平台、官方微博账号等，以线上宣传的方式将爱国主义元素融入教育过程中，以此提升爱国主义教育的效果。因此，针对大学生开展爱国主义教育工作要通过多种途径渗透至校园文化中，进而为爱国主义校园文化建设做好基础性工作。

在新时代背景下，爱国主义教育对大学生教育工作而言至关重要。结合大学生的身心发展特点，将爱国主义教育元素渗透至教学内容中，引导大学生充分接受爱国主义教育元素的引导，从而帮助大学生树立正确的价值观和人生观，使其以社会主义核心价值观为核心进行学习和发展，以此达到提高综合素养的目的。

第六章　高校校园文化建设与人的全面发展

随着信息时代的高速发展，信息逐渐呈现多元化及复杂化的特点，对高校学生的思想和生活产生了较大的影响，也对校园文化建设造成了严重的冲击。因此，在信息时代背景下，结合高校教育教学活动和人才培养工作的现实需求，应该对校园文化建设进行创新，面向学生的全面发展推进校园文化建设，突出校园文化建设的核心和重点，发挥校园文化建设的作用，有效促进学生逐步实现全面发展的目标。本章分为大学生全面发展的新需求、文化环境与人的全面发展、校园文化建设与人的全面发展三部分。

第一节　大学生全面发展的新需求

一、新时代促进人的全面发展取得的成就和面临的挑战

（一）新时代促进人的全面发展取得的成就

任何事物都是以经济、政治以及文化为支撑而得以发展的，新时代对人的全面发展以及社会经济的发展等产生了重要的促进作用，要确保人的发展紧随时代步伐。

1. 人的劳动能力持续提升

在知识经济时代，人类社会无法从绝对意义上消除体力劳动，这一时期体力劳动向精神劳动过渡，但是固定体力劳动正在被淘汰。在脑力劳动的差异方面，电子信息技术正在消除人脑在记忆力、反应力和耐力方面的差异，并且有望消除大脑能力的差异。因此，新技术革命正在为人类的普遍发展创造物质条件。

简言之，在市场机制扩大了工人收入差距的同时，社会主义正在利用公有制

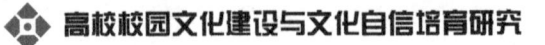

的生产条件来占据教育经济发展中的战略地位,并缩小工人能力之间的差距。随着工作能力的增加,国民收入差距将逐渐缩小。

2. 人的社会关系日益合理、丰富

网络传播是物质传播和精神传播的结合体。网络是计算机所支持的最先进的现代科学技术,是一个中间系统,使人们可以跨越时间和空间的界限进行通信。互联网改变了传统的交流方式,扩大了交流空间,赋予了人类交流新的含义,从根本上改变了人们与社会之间的各种关系。科学技术的飞速发展凸显了网络通信的全球性、普遍性和无限性的现代重要性,世界已成为网络中的一个小镇,人们在这个全球性村庄中形成了"信息纽带"。

(二)新时代人的全面发展面临的挑战

习近平新时代中国特色社会主义思想同样彰显出了"以人民为根本"的发展理念,为人们提供了广阔的发展空间,确保人的全面发展,然而新时代背景下人的全面发展依旧面临着诸多挑战。因此,要正确认识人在发展过程中面临的挑战,及时采取相应措施,为人的全面、个性发展奠定良好的基础。

1. 发展不平衡、不充分

第一,人类发展的更高层次的物质需求和精神需求与社会发展是一致的,而社会发展的程度决定了人类发展的程度。同时,人类的发展也是分层的,也就是说,只有在解决生存问题的基础上,才能发展出更高的精神需求,如文学和艺术需求。

第二,人的个性是人与其他人相比作为社会活动主体的不同特征。人们处于一定的社会条件之下,人的个性是一个人的素质、能力、性格和气质全面发展的结果。在资本主义条件下,由于劳动受资本的支配,劳动者缺乏自由的时间发展自己的个性,其素质和能力无法得到全面提高。

2. 人类的和平与发展面临威胁

一直以来,人类的和平与发展都是社会发展共同追求的,目前世界发展正处在"百年未有之大变局"。虽然时代主题没有出现变化,但是人类和平仍然具有较大的挑战,对人的全面发展产生较大的影响。

科技革命使国与国之间的竞争形态出现了较大的改变,科技创新以及改革的推进,使得全球各个国家和地区都开始致力于人工智能、大数据等方面的新技术研发,从而提高了国家的整体实力。国际秩序出现了较大的改变,全球实现了资源的合理分配,提高了经济增长率,为国家间的关系、社会等方面带来了很大的冲击，推动资本不再受民族国家的掌握，造成国家间出现不均衡现象。

另外，较为先进的技术会影响到传统服务业的发展，如果没有新型岗位加以更替，会出现国内贫富差异凸显的问题，减少年轻人创新的机会，从而约束了人的全面发展。

在新时代背景下，人的全面发展仍然面临较大的挑战，如何更好地实现人的全面发展成为令人深思的话题。

3. 人工智能弱化人的主体能力

人工智能技术的研发在很大程度上弱化了人的主体能力。对人工智能高新技术的使用，易使人沉溺于智能载体等新事物中，使得人们在面对困难时首先想到的是借助人工智能载体来解决问题，导致人的实践能力、创新意识、创新能力被削弱。受人工智能环境的影响，人的主体能动性和个性受到人工智能载体在时间和空间上的制约，从而弱化了人的主体能动性。

（1）弱化人的实践能力、创新意识与创新能力

人工智能技术的进一步发展在某些层面会削弱人的主体能力。人工智能技术被越来越多地植入人们的日常生活中，人类主体在生活中将面临失去智能载体就瘫痪的可能。

人工智能技术存在的意义主要是在人类劳动存在不足时进行弥补，用以减轻人们在劳动中的负担，进而极大地提升人类工作的效率。但是，随着人工智能载体的广泛使用，人的实践能力明显弱化，这一趋势尤其体现在新一代青年群体身上，在遇到困难时，人们首先想到的是借助智能载体来解决问题。作为主体的个人要想提高自己的素质、能力，就要不断挖掘自身的潜在能力，并通过实践转变为现实能力，但是，在智能环境中，人们失去智能载体犹如失去了大脑，人工智能的发展在一定程度上削弱了人的创新意识与创新能力，对人工智能过分依赖，将造成人的思维异化，从而弱化人的主体能力。

马克思认为，人的主体性是在实践活动中形成、确认和强化的。就此观点，学者陈凡认为，人工智能是人脑的延伸，不具备实践的能力，所以人工智能是不具备主体性的，但人工智能可以影响人的主体能力。在人工智能时代，如何强化人的主体能力，培养人的实践能力、创新能力，解决人的主体地位弱化、主体能力弱化的问题需要我们深入思考。

（2）减弱人的主体能动性，削弱人的个性

人的主体能动性因人工智能的广泛使用而在一定程度上不断减弱。我们不得不认识到，人工智能的出现和发展在诸多层面弱化了人的情感认知能力，使人不

再像以往那样，能动地反映客观事物，而常常是被动地接受。人工智能的主体性与人类智能的主体性在上述情形下产生了错位和颠倒。

人是社会的主体，人的认知能力是以满足人自身的需求为出发点的，在人工智能时代，人类主体受到了客观人工智能环境的影响，人的主体能力反而受到人工智能载体的制约，这样一来，人的主体认知能力反而在不经意间转化成了人工智能载体的附庸之物，从而减弱了人的主体能动性。对人工智能载体的依赖使得人类丧失了灵活的应变能力，如智能机器人的出现，一定程度上使得人们的反应速度比以前慢了，要增强人的主体能动性就需要培养人的逆向思维能力，突破常规的机械性人工智能逻辑。

人工智能的广泛使用在一定程度上削弱了人的个性。在人工智能时代，人们对人工智能技术的"科学性""合理性"盲目认同，在一定程度上导致了自我异化现象的产生。在当今人工智能环境中，人的异化有了新的表现方式，即随着人工智能的进一步发展，对人工智能的盲目认同，使人容易形成单向度思维，进而导致人的思维异化。此外，对人工智能的过度依赖，人们的思想存在固化风险，人的个性将被削弱，这在一定程度上否认了人的主体能动性，使人的主体性自我异化。

二、新时代大学生全面发展新需求的主要内容

新时代是追求美好生活的时代，是共商共建共享的时代，是建设创新型强国的时代，正是这样一个时代促使大学生的全面发展提出新需求。从新时代的大学生自身出发，应知晓新时代的发展需求，顺应时代潮流，这有助于推动自身的全面发展；从教育者出发，要及时了解、掌握这些新需求，以更好地通过有效教育激发大学生的新需求；从时代自身出发，大学生满足时代发展需求，有助于推动时代的发展。在此从追求美好生活的时代、共商共建共享的时代、建设创新型强国的时代三个时代特征出发，讨论新时代大学生全面发展的新需求。新需求主要包括大学生精神发展的新需求、大学生能力发展的新需求、大学生创新发展的新需求等。

（一）大学生精神发展的新需求

1. 大学生精神需求的现状

（1）发展态势积极

一方面，大学生精神生活需求的价值取向较为积极。大学生精神生活需求的

价值取向要从其人生观、价值观、道德观等中探寻。在人生观上，有明确的人生目标的大学生占绝大部分，他们认为学好专业知识、实现自我价值、拥有理想信念才是自己的主要精神需求。在价值观上，大学生表示社会发展仍需社会主义核心价值观的引领，进行社会主义核心价值观教育是有必要的。在道德观上，大部分学生表示雷锋精神仍需要继续发扬，对新冠肺炎疫情防控期间医护人员的奉献精神持敬佩态度，会积极救助他人。大学生精神生活的价值取向是正面积极的，这正是大学生向往美好精神生活的重要体现。

另一方面，大学生精神生活的层次较高。人生追求、价值追求、政治追求、道德行为、精神文化消费行为在很大程度上反映了大学生精神生活的层次和质量。在人生追求上，理想信仰需求所占比重较高，其次是发展需求，最后是求知需求。在价值追求上，大部分大学生都对道德模范和英雄人物的事迹持赞赏态度。在政治追求上，很多大学生都表示愿意加入中国共产党，把追求理想信仰作为入党的动机。在道德行为上，大部分大学生表示愿意参加志愿活动或公益服务。在精神文化消费行为上，求知类的消费仍是主流。由此可知，大学生的精神生活更注重理想信仰的追求及社会价值的实现。

（2）存在的主要问题

一方面，部分大学生精神需求存在盲从化倾向。调查显示，一些大学生对自己的精神文化需求持不知道、不在意的态度；大部分大学生表示其精神追求受外界影响，其中包括"比较受父母影响"和"比较受周围朋友影响"。这表明大学生的精神需求不够坚定和明确，受外界冲击较大，部分大学生的精神生活需求盲从化。

另一方面，部分大学生精神需求存在娱乐化倾向。"高质量的精神生活需要将多层次、多种类的精神活动作为重要条件"，有意义、多样化的精神活动在陶冶大学生身心、培养个人兴趣爱好、拓宽眼界的同时，也能够提高其精神素养和精神生活境界。

然而，调查显示，大学生的精神需求虽然丰富多样，但主要集中在娱乐消遣上。大部分大学生表示除上课和日常生活外，其主要的休闲活动是上网看剧；也有很多大学生将电影、电视剧、音乐、游戏作为业余消闲项目；还有部分大学生平常会浏览网页和刷微博关注娱乐新闻，有一小部分大学生关注游戏。这表明部分大学生的精神需求主要停留在看剧、打游戏、上网等消遣活动上，深层次、高质量、启发性的精神活动较少。

2. 大学生精神需求出现问题的原因

（1）受多元价值观的冲击

经济全球化进程的加快使得社会价值取向日趋多样化，彰显了信息的开放性和共享性。大学生接纳新事物的能力较强，但辨别能力较弱，享乐主义、功利主义、虚无主义等价值观给大学生带来消极的影响，不断冲击、腐蚀大学生的价值观，致使部分大学生把娱乐消遣、"乐学至上"作为人生信条。

（2）高校教育的关注度不足

高校教育的关注度不足主要从精神文化教育者和校园精神文化建设两个方面来看。

从精神文化教育者来看，高校教育者在进行精神文化教育过程中没有动态关注大学生精神生活需求，多是讲解、灌输知识点，如对学生在进行党史教育、爱国主义教育时，多为知识的灌输，这就使得受教育者接受的更多是识记知识，而不是满足其精神需求。

从校园文化建设来看，当前高校建设的主要发力点集中在搞教学科研上，对校园精神文化建设的力度不够，使得校园文化建设滞后。因此，高校教育者应担当教育使命，摒弃唯论文、唯奖项、唯职称的固有思维，关注学生精神文化需求，潜心育人。

（3）家庭精神文化教育缺失

部分大学生的父母对孩子重视物质给予、智力教育和知识学习，轻视精神满足、德行培养和实践锻炼，不注重培养他们正确的人生观、世界观、价值观。由于社会竞争日趋严峻，为谋求一份好工作，部分家庭只注重大学生的智力教育和知识学习，对其精神信仰、追求的满足不关注，导致大学生的精神文化生活出现偏差，造成大学生精神需求向物质化、功利化发展。

（4）大学生自身对精神生活需要存在知行矛盾

马克思列宁主义是引领大学生精神需求之"钙"，是涵养大学生高层次精神需求的重要精神力量。大部分大学生能够意识到自身成长发展需要这些精神之"钙"，但仍有小部分学生受社会多元思潮的冲击，出现理想信仰淡化、精神支柱动摇等现象。例如，部分学生在学习马克思列宁主义理论的同时，也崇尚星座、血型等。大学生认同马克思列宁主义、社会主义核心价值观、共产主义信仰，但在行动上又难以用这些精神力量去引领自身实践。这种知与行的矛盾，难以形成高质量的精神需求。

3. 满足大学生精神需求的路径

（1）建立社会主义主旋律导向机制

一方面，加强社会主义核心价值观教育，以社会主义核心价值观引领大学生的精神生活追求。以社会主义核心价值观为导向引领大学生的精神生活追求，需要将社会主义核心价值观深入人脑、人心，再通过实践进一步强化。

另一方面，加强党史教育，以党史观筑牢大学生的精神支柱，使其不动摇。要在知行统一的实践、品格锤炼的过程中不断补足大学生精神之钙，筑牢大学生灵魂之柱，使大学生坚定地跟党走。

（2）完善校园文化建设体系

一方面，要健全校园文化供给体系。这需要高校各部门和教师齐心协力，形成党政部门、院系辅导员与任课教师相互配合的精神文化供给体系。高校党政部门应当重视校园文化的涵养性、持续性，不断健全和完善以校园文化引领学生精神需求的领导体制和工作体制。辅导员要融入学生群体中，关注学生的追求，跟踪了解大学生精神需求的状况，为大学生提供心理辅导。任课教师要强化育人职责，既要具备渊博的学识，也要具备深厚的人文情怀。

另一方面，开展各项活动增强校园文化的吸引力和感染力。例如，开展主题团日活动、"三三三"理论宣讲等，满足大学生树立理想信念、践行初心使命的需求；通过开展志愿者服务活动，满足大学生成就自我、担当奉献的需求。

（3）重视家庭精神文化教育

一方面，要重视家风教育。家风是最能反映一个家庭的价值观和精神追求的，家庭要摒弃重视物质给予，轻视精神满足、德行培养、实践锻炼的观念，形成良好的家风，以此陶冶大学生的情操，涵养大学生的精神追求。

另一方面，要重视榜样教育。父母在日常生活中要言传身教，重视榜样的引领作用，不断创造良好的氛围，培养大学生崇高的精神追求。

（4）平衡精神生活需求的知与行

要涵养大学生高质量、高层次的精神生活需求，必须平衡精神生活需求的知与行。

一方面，要加强大学生学习的自觉性。大学生的精神生活需要具有发展性，要把"学习作为一种责任、一种精神追求、一种生活方式"。通过学习不断探索正取向、高质量，达到增强自身本领、提高自身精神追求层次的目的。

另一方面，要加强大学生精神生活的实践自觉。据调查可知，大学生有理想信仰、自我实现等精神生活需求，要充分利用"暑期三下乡"、党团社团活动，

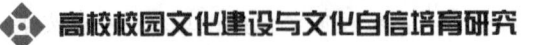

进一步将理想信仰、初心使命、自我实现等精神生活需求内化于心。

（二）大学生能力发展的新需求

1. 能力需求与责任需求均衡发展

（1）当前大学生能力发展和责任发展密不可分

古语也曾说，"德胜才是君子，才胜德是小人，德才兼有才是圣人"。因此，新时代大学生在发展过程中不能只注重能力的提升而忽视责任的培养。另外，责任感在一定程度上也能够成为能力提升的动力。一个具有社会责任感的人会因想要破解社会发展难题而不断探索解决办法，在一定程度上也有助于能力的提升。由此可见，当前大学生的能力发展和责任发展是密不可分、不可割裂的。

（2）新时代要求大学生注重能力需求与责任需求的均衡发展

《中长期青年发展规划（2016—2025年）》中明确提出，要注重激发大学生的参与热情和创新活力，促进大学生的社会融入和社会参与。新时代要求大学生重视能力需求的同时兼顾责任需求的发展，在提升自身综合素质的同时积极承担社会责任、家庭责任、世界责任。新时代大学生在现实生活中应越挫越勇，勇敢面对压力，挑战自己，提升自己，注重承担实现中华民族伟大复兴的责任和使命，为全面建成小康社会而奋斗！

2. 更加注重能力发展的社会担当

（1）新时代要求大学生将自身发展与世界发展相结合

新时代不仅需要大学生注重能力需求与责任需求的均衡发展，更加注重能力发展的社会担当。世界历史的形成和发展离不开现实的个人，每个人都在世界历史中扮演着不可缺少的角色，每个人的发展都作用于世界历史的发展。

同时，世界历史的发展也反作用于人的发展，马克思认为，资本主义"开创了世界历史，因为它使每一个文明国家以及这些国家中的每一个人的需要的满足都依赖整个世界"。每个人的命运与世界的命运息息相关。因此，要将自身发展与世界发展相结合，培养具有世界担当与大国情怀的人。

（2）当前部分大学生社会担当意识偶有缺失

新时代大学生是祖国未来的建设者，是实现"两个一百年"目标的重要人才资源，是改变全球发展现状的希望所在。但是，仍然有一些大学生无法认识到自身的使命与担当，无视社会问题，目光短浅，视野狭隘，只关注自身欲望的满足，成为"精致的利己主义者"。只关注自身而不关注世界与社会的发展，不是可持续的发展和全面的发展。

（3）新时代更加注重大学生能力发展的社会担当

新时代大学生应自觉提高思想道德素质，培养世界眼光、全球思维，有开放的胸怀与包容的精神。因此，大学生应努力学习科学文化知识，主动了解时代发展趋势，时刻关注社会发展难题，将自己的人生目标与社会发展趋势相结合，培养自己的世界眼光，以一种开放的精神对待人类创造的一切文明成果。

（三）大学生创新发展的新需求

1. 个性需求与创新需求均衡发展

（1）新时代大学生的创新潜质蕴含于个性发展中

马克思曾经说过，人是生产力中最活跃的因素，社会发展的最重要的动力就是人的创造力。人的差别性和特殊性代表了每个人的不同之处，个人的独立性格和特质是人的个性发展的重要内容。

创新与个性具有一定的联系，每个人的创新潜质蕴含在他的个性当中，个性的不同之处就是创新的潜质。创新是一个人竞争力的重要衡量标准之一，是人的个性追求发挥价值的方式，是个性发展获得解放的方式。

（2）社会的个性化发展要求新时代大学生的创新发展

随着信息科技的进一步发展，知识创新在创新领域的地位越来越高，几乎成为整个社会创新发展的主导因素。因此，在高校教育中，学生的个性发展不容忽视，高校应着力培养知识创新人才，推动信息社会的创新发展。

综上，新时代应注重大学生个性需求与创新需求的均衡发展。大学生的个性发展需求与创新发展需求相辅相成，都是全面发展需求的重要内容，在学习生活中应发扬个性主动创新，提升自身的竞争力适应时代的发展。例如，在全国大学生创新创业大赛中获奖的北京邮电大学的"人工智能影视制作——聚力维度"、浙江大学的"邦巍科技——全球高性能结构材料领跑者"、厦门大学的"罗化新材料：全球激光荧光陶瓷的领航者"以及北京理工大学的"中云智车——未来商用无人车行业定义者"和"枭龙科技AR智能眼镜"等项目都是大学生结合专业知识、个人兴趣着眼于当前世界发展实际进行的发明。

他们是创新精神的体现，是具有创新能力的代表，是广大大学生学习的创新榜样，代表了年轻一代的创新活力，同时也为社会做出了重要的贡献，是个性需求与创新需求均衡发展的典范。

2. 更加注重创新发展的人文关照

创新发展的终极目标是促进全人类的进步。为了人们生活质量的提升，幸福感、获得感的增强，应更加注重创新发展的人文关照。创新发展在一定程度上提升了人类需求的满足度，人类生存和发展都是需要进行不断的创新实践才能得以持续发展的。没有创新，人类社会的发展就会停滞不前，在满足基本的需求之后，人类就会开始更加复杂的创新实践探索，这样就会产生新的需求，循环往复不断推动人类社会的发展。

新时代大学生创新实践的目标是要注重人文关照，通过满足更多人的需求实现创新价值。新时代是建设创新型强国的时代，对于创新实践的需求比以往更加强烈，因此创新实践应致力于解决社会发展难题，致力于破解人类发展难题。

2017年8月，上百支创新创业团队参加了第三届中国"互联网+"大学生创新创业大赛"青年红色筑梦之旅"，他们走进延安、服务革命老区，帮助老区人民脱贫致富奔小康，既取得了积极成效，又受到了思想的洗礼，还受到了习近平总书记的赞扬与鼓舞。这次活动是新时代大学生创新发展更加注重人文关照的典型，既帮助了革命老区的人民群众，同时又提升了思想境界，"体现了当代中国青年奋发有为的精神风貌"。

总之，新时代大学生应该具有责任感与使命感，创新发展应该更加注重人文关照，将自身发展与社会发展相结合，追求自身与整个人类的共同进步。

第二节 文化环境与人的全面发展

一、文化环境的内涵及其特征

文化环境包括全部精神产品以及物质产品中的精神因素，其中不仅包括哲学、宗教、道德、法律、科技、教育、语言、文学、美术、音乐、舞蹈、电影、戏剧以及社会心理、风俗习惯、交往方式等，还包括凝结文化观念的物质产品，如烈士纪念碑、历史博物馆、民族英雄纪念馆以及各种有丰富内涵的人文景观等。

文化环境是一定历史条件下社会经济和政治的产物。一方面，文化环境由经济环境决定，并为经济环境服务；另一方面，文化环境也由政治环境决定，并反作用于政治环境。因此，文化环境在社会环境中处于从属地位，但其也具有相对的独立性。文化环境的主体内容是社会意识形态，其核心是一定社会占主导地位的世界观、人生观和价值观。

文化环境具有民族性、时代性和阶级性的特点。首先，文化环境总是以本土文化为主，并广泛吸收和融合外来文化，形成自己本民族的文化特征。陈独秀曾在《东西民族根本思想之差异》一文中讲道，"西洋民族以战争为本位，东洋民族以安息为本位。……西洋民族以个人为本位，东洋民族以家族为本位……西洋民族以法治为本位，以实利为本位；东洋民族以感情为本位，以虚文为本位"。其次，文化环境是一个动态而发展变化的过程，文化环境随着社会的发展而发展，并呈现出不同历史时代的特性。在人类进入资本主义社会以前，各个国家和民族交往较少，各自在特定的地区独立地进行活动，历史突出地表现为国别史，还没有转变为世界史。当世界进入资本主义时期以后，出现了文化环境的另一种时代特性，由于资本主义生产方式的特点和科学技术的发展，各个国家和民族的壁垒逐步被打破，出现了越出一个国家和民族范围的时代概念，如帝国主义和无产阶级革命时代、国际垄断资本主义时代、由资本主义向社会主义过渡的时代等。这种文化环境对原来的各自独立存在的国家和民族的发展都有着不同程度的影响。各民族相互作用的加强和世界潮流的出现，必然影响各民族的文化环境；最后，在阶级社会中，文化环境总是受到占统治地位的意识形态的制约，并呈现出文化环境的阶级性特征。在中国封建社会就会形成君臣、父子的伦理道德观念，在西方资本主义社会就会形成自由、民主、平等的抽象观念，就容易产生利己主义和拜金主义的社会氛围。这是因为在阶级社会中构成文化环境的各种观念、物质产品都是由属于特定阶级的人创造的。他们的情感、意志、兴趣、目的都会受到一定阶级地位的制约。

当然，文化环境的阶级性绝不意味着某一阶级的成员必定为加强和建设这一阶级的文化环境而进行文化的创造。关键不在于创造者的阶级出身，而是取决于他站在什么立场，代表哪个阶级利益进行文化环境的优化和建设，并为此进行文化的创造。同时，文化环境的阶级性也并不是说阶级社会中不同文化环境之间就没有任何共同点，即使是文化环境中一些核心观念，它们不仅具有意识形态的特性，而且具有知识性，能够作为知识的积累而为另外的文化环境在优化和建设过程中所采纳和吸收。

历史上中外文化的融通，当代中西文化的交流等就充分地说明了这一点。由此可见，文化环境是一个复杂的内在系统，它与政治环境和经济环境共同构成了社会整体，并以潜在的、持续的力量制约和影响着人们的精神世界和行为方式。

二、文化环境对人的精神世界的影响

人的精神世界主要是人的思想观念和意识形态等诸要素共同作用的总和，是人们通过大脑对客观现实和思想文化材料进行整理与加工的集中反映，不同的社会存在对人的精神世界会产生不同的影响，而文化环境作为人类思想观念的产物，会直接地作用于人的精神世界，从而会制约和影响人的生活方式与行为模式。事实上，文化环境在本质上就是指向人和塑造人的。世界上自从有了文化环境，其根本指向就是塑造人的精神世界，提高人的思想政治道德素质，提高人的科学文化水平，为经济发展和社会进步提供精神动力与智力支持。因此，文化环境对人的精神世界的影响是直接的和较大的。

首先，处于核心地位的文化环境对人的精神世界起着重要的导向作用，决定着人的精神世界的发展取向。不同时代和不同阶级的世界观、人生观、价值观都会直接影响社会成员的思想观念、思维习惯、情感表达和价值追求，从而会形成一个时代人的精神世界的特征。不仅如此，处于核心地位的文化环境，还为人们提供了判断对与错、善与恶、美与丑、真与假、是与非、好与坏等一系列问题的标准，对人们的正义感、审美感、是非感等一系列思想政治道德观念起着重要的制约和定向作用。

其次，处于世俗层面的文化环境对人的精神世界具有强烈的凝聚作用。世俗文化相对于宗教文化和主体文化而言，主要体现为一个国家民族在长期的生活实践中所形成的风土人情、节日习俗等文化现象，它对形成社会成员的共识、保持社会成员的认同、促进社会成员的统一产生重要的影响。比如，节日风俗作为世俗文化的重要内容之一，能够增强社会成员的凝聚力，通过节日风俗加强人们之间的相互联系，加强人们之间的交往，维系人们之间的情感，使之凝聚同一文化圈的每个成员。我国传统文化中的端午节、中秋节、重阳节等重大的节日活动，为人们提供了场景上的认同机会，参加同一节日的人们，可以使用相互理解的同一种语言、同一种象征符号、同一种价值判断并分享同一种情感体验，从而有助于形成心理上的认同。这种认同既有家族认同和宗族认同，也有村落认同和社区认同，乃至民族认同和国家认同，这种愉快欢乐的节日文化氛围无形中起到了文化环境的凝聚作用。

最后，处于物质层面的文化环境对人的精神世界具有强烈的感召作用。社会存在决定人们的社会意识，而社会化的物质存在对人们的精神世界更具有重要的作用。它是一个国家和民族文化精神的物质体现。比如，烈士纪念碑、文化古迹、历史博物馆、民族英雄纪念馆以及各种内涵丰富的人文景观,这些场所看起来是一些寂静的物质形态,它的文化内涵却象征着一个民族的文化精神,浓缩着一个民族的文化精华。这些直观形象的物质形态,可以刺激人们的情感世界,形成人们心理的巨大震撼,从而起到对人们心理的感化与凝聚作用。

三、校园文化环境对大学生全面发展的影响

(一)良好的校风有利于大学生培养健康、健全的人格

一个学校的校风对大学生的影响是潜移默化的,校风在一定程度上反映着该校的精神面貌以及学校的教育风貌。因此,良好的校风将会给大学生营造良好的文化环境,对学生人格的塑造与培养有着十分积极的作用。若一个学校没有良好的学风,部分学生在虚度光阴,则对于一些有上进心的学生,他们将会面临这两种情况:一是无法融入这样的文化圈子,从而产生了压抑的心理,严重影响自身的心理健康;二是随着这样的不良风气一起堕落。无论是哪种情况都极其不利于大学生心理健康的发展。而在良好校风的熏陶下,每个人都是积极向上、团结友爱的,努力不会受到歧视。一个拥有强大的文化底蕴的高校,学生在良好的学风熏陶下,自然会培养积极向上的优秀品格。

(二)融洽的校园社交文化有利于学生建立良好的人际关系

根据心理学的内容我们可以得知,人是群体动物,渴望被关注、被理解,因此人的情感、态度以及行为都会被外界影响,心理也会随着外界环境的变化而受到波动。如果学生拥有良好的人际关系,那么就减少了一大心理负担,自身的心理以及日常的生活心情也会更加愉悦。对于刚入学的大学生而言,良好的人际关系可以使得学生更快地融入高校生活中。

四、校园文化环境优化与大学生质量提高的关系

(一)校园文化环境对学生质量提高的促进作用

1. 校园文化环境对学生质量提高的导向作用

高校校园文化环境包含了高校的发展精神和规划思想,因此高校校园文化环境对学生个人的精神思想具有重要的指引作用。大学生身处高校校园文化环境当中,高校校园文化环境如果处于健康状态,无疑会对大学生自身的发展起到积极

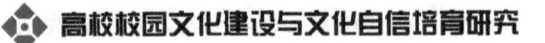

的作用。但是高校校园文化环境如果处于非健康的状态，势必会对学生质量的提高产生恶劣的影响，特别是在当今网络文化环境并不稳定的情况下，大学生容易受到校园网络文化环境中消极因素的影响。

2.校园文化环境对学生质量提高的激励作用

校园文化环境的不断优化，给学生提供更完善的制度保障和更充足的物质保障，使得大学生能更好地在这个舞台上施展才华，放飞自己的想象力，高校校园文化环境也成为培养学生创新能力的"练功房"。

（二）学生质量的提高对校园文化环境优化的促进作用

1.学生质量的提高有利于优化参与度的提升

高校校园文化环境的优化工作需要高校管理者以及师生的共同参与，同时参与高校校园文化环境的优化工作需要一定的知识能力和创新精神，这对参与其中的学生提出了一定的要求，而当大学生的质量普遍得到提升时，大学生当中能够有更多的精英参与到高校校园文化环境的优化工作中。当大学生的整体质量得到大幅度的提升后，大学生对自身的能力变得更加自信，希望投身于高校校园文化环境的优化工作的热情也会变得更加高涨。

2.学生质量的提高有利于优化效果的增强

高校校园文化环境的优化工作需要学生的参与，而参与其中的大学生的整体素质间接影响了优化的效果。大学生的整体质量得到了普遍的提升，一方面，可以为工作的优化献言献计；另一方面，在实施过程中，大学生也能拥有足够的能力去完成工作的优化，并且大学生的能力越强，完成的效率也越高。

综上可以看出，学生整体质量的提升是有利于高校校园文化环境优化工作的，它能显著增强优化的效果。

（三）校园文化环境对学生质量提高的制约作用

1.校园文化环境的非健康状态会降低学生质量

高校校园文化环境的非健康状态是指高校校园文化与环境之间处于一种非良性的循环关系，作为载体的环境抑制了校园文化的发展，高校校园文化的发展状态是不健康的。如果高校校园文化环境长期处于这样的状态而得不到扭转，校园文化在发展过程中可能会出现一些违反社会主义核心价值观的文化产物，这样下去后果是可想而知的。

2.校园文化环境优化进度的滞后会遏制学生质量的提升速度

当学生质量提升到一定的阶段时,作为提升工作配套设施的高校校园文化环境的优化工作如果没能跟上,就不能发挥对学生精神的导向功能和激励功能,而且还会导致学生无法从校园文化中汲取所需的文化营养,严重影响学生的健康成长,学生质量的提升工作必然受到拖累。

第三节　校园文化建设与人的全面发展

一、校园文化建设是大学生全面发展的重要途径

社会学的有关研究表明,大学生的思想直接地受到他们所在的工作、学习和生活环境的影响,其中主要的影响因素是文化环境,它往往可以影响大学生对以后的事业、人生乃至对整个社会的看法。因此可以说,大学生自身的全面发展离不开校园文化环境的建设。

(一)校园文化的特点适宜大学生全面发展的要求

校园文化的内涵十分丰富,就其广义而言,大学校园文化包含学校的精神面貌,也包含学校的物质文化,还包含学校的组织制度文化;狭义上的校园文化是高校师生员工在从事教学及其他各种工作、活动过程中形成的精神、制度和物质形态,其核心是学校精神。学校精神是校园文化的最高境界,是学校精神风貌、个性特征、社会魅力的高度表现。其作用在于营造一种有利于受教育者把外来要求内化为自我要求,有利于启发他们的自觉及形成他们自我教育习惯的校园文化环境。

随着时间的推移和社会的变革,人们又会不断更新这种习惯方式的文化,这种文化又反过来促使人们向更高层次的共同目标去努力,形成良性循环。校园文化这一特性十分有利于大学生的全面发展。

从大学生的需求结构来看,校园文化的功能与大学生的自身发展是一致的。首先,校园文化活动对大学生具有自我满足的功能。任何人都有不同的需求,既有低层次的生理需求,又有高层次的实现自我价值的需求。许多理论研究成果表明,我国大学生的需求是多种多样的,但绝大多数集中在求知需求、友情需求、建树需求和自尊需求上。可以看出,大学生的需求偏向于精神、情感、思想观念、

自我价值实现的需求，这些多元化的需求都是学生在课堂和书本里难以满足的，校园文化活动则给学生提供了一个自我满足的途径。其次，大学校园文化具有自我认识的功能。市场经济要求学生自身要全面发展，要发展自我的前提条件是必须认识自我。而自我认识过程是一个人与他人比较学习，再比较和再学习的过程，要认识就必须参与和接触，自我认识要到校园文化的活动实践中才能得到更好的满足；最后，校园文化具有自我完善的功能。人的一生是不断追求和不断完善自我的过程。而自我必须依赖社会所提供的条件和实践的机会。大学生在参与校园文化活动中体会到各种成功的喜悦和失败的痛苦，并在这种成功和失败中不断调整自我，完善自我。

（二）校园文化活动是大学生全面发展的重要途径

1. 参与校园文化是一个扩充学习的过程

现代大学生，单纯掌握教师所授知识是远远不够的，还需要通过课外学习获取知识来弥补。例如，有些高校的大学生英语口语和听力水平较差，但自从参加了"英语沙龙"社团后，就取得了明显的提高。

由此可见，校园文化活动是课外学习的重要途径，它可以帮助大学生在较短时间内获得较多信息和知识，促进大学生的全面发展。

2. 校园文化活动可以加强大学生能力的培养

我国高校教育与社会需要严重脱节，造成大学生眼高手低，普遍存在理论知识较强而动手能力较差的问题。在市场经济条件下，大学生就业实行"双向选择，自主择业"的策略，多一项技能就多一条就业的门路。

大学生在参加校园文化活动中，对自己能力的提高、观念的更新无不有好处，特别是对大学生培养自身的人才观念、价值观念、竞争观念、群体意识以及决策能力、创造能力、思辨能力、处理问题能力都有极大的帮助，为他们尽快适应社会打下良好的基础。

3. 校园文化可以加速大学生自身社会化的进程

为了适应时代和社会的发展，为了满足学生的广泛选择，国外的选修课和第二课堂的发展非常迅猛，而且都有专门的经费和专门的教师负责。例如，美国加州大学洛杉矶分校的学生社团组织超过700个，参加人员特别踊跃，学校每年有20多万美元用于资助学生社团的发展。

许多高校学生正是在充满选择的机会里，在参与学校教学和管理的过程中，通过不同角色转换和体验，学到了许多作为纯粹学生所学不到的东西，从而加速了学生自身的社会化进程。综上所述，校园文化实践活动是培养大学生走向社会的重要途径。

二、校园文化建设在促进大学生全面发展中的作用

校园文化实践活动之所以是培养大学生走向社会的重要途径，是基于校园文化建设在大学生全面发展中的作用而得出的结论。具体来讲，校园文化建设在大学生全面发展中的作用可以概括为以下五个方面。

（一）有利于促进大学生的身心健康

随着改革开放和社会文化生活的发展，以及校园社团活动的兴起，打破了传统的"宿舍—教室—食堂"三点一线的生活模式，取而代之的是丰富多彩的校园文化生活。也正是校园社团活动的兴起，给高校校园增添了气氛和活力，对于大学生的身心健康有着极大的促进作用。

具体来说，大学生在参加各种校园文化活动时，大学生之间，大学生与教师之间有了相互接触和了解的机会，在他们相处交往和交流的过程中，他们不但能够了解别人，也更深刻地认识到自己的优势，同时认识到自己的不足，从而提高自我批判和自我发展的能力。另外，当前我国就业形势严峻，面对社会现实，大学生难免会产生种种误解或一定的心理压力，而作为培养建设者和接班人的高校，以及作为处于举足轻重地位的高校校园文化，以其特有的功能，对于构建大学生健康的心理结构和培养良好的心理承受能力，对于帮助他们尽快适应快节奏的现代社会生活，摆正自己的位置，在各自岗位上勇于担负起建设祖国的使命，无疑发挥着巨大的作用。

（二）有利于提高大学生的思想政治觉悟

灌输和熏陶是思想政治工作的主要手段，但两者是不能替代的。当代大学生往往缺乏对我国革命历史的了解，缺乏对国情的了解，容易受外来文化的冲击和影响，同时大学生的人生观又正处于成熟阶段，在这种情况下，正面的灌输和引导是必不可少的。但毋庸置疑的是，以熏陶为主要手段的校园文化对大学生思想政治觉悟的提高起着较大的作用。例如，英模报告会、党的知识抢答赛、庆七一文艺演出会、科技知识"三下乡"等形式多样、内容健康向上的校园文化活动，都能起到很好的教育作用，达到提高思想政治觉悟的目的。此外，

还有大学校园里每年的节日文化活动,这种文化活动是从中国历史、现实和未来出发的,能在很大程度上焕发出一种青春的气息,对大学生的影响和教育都是深远和持久的。因此我们可以这样说,校园文化建设是对大学生思想政治教育最好的、最有效的途径。

(三)有利于培养大学生的社会交际能力

由于目前我国高校普遍缺乏对社会复杂人际关系如何认识和处理的教育,也由于大学生自身的社会阅历较浅,因而容易用自己良好的愿望来设想社会。而当他们步入社会后,在遇到挫折时就会感到不适应,很多学生表示不善于处理人际关系,多数人对步入社会有兴奋感,也有人存在恐惧感。

由此可见,培养大学生的社会交际能力显得十分迫切,就目前来看,狭小而封闭的课堂和寝室是难以完成这种能力的培养任务的。相反,校园文化则为大学生的人际交往提供了一个更广阔的舞台,使大学生有了更多交往的机会。例如,由具有共同兴趣、爱好和特长的同学组成的种种文化沙龙和社团活动,使他们更容易进行感情交流。不同方式和不同场合的校园文化活动,使大学生在实践中培养了交际能力和社会适应能力。

(四)有利于提高智力开发和文化知识素养

实践和调查表明,高校一年级学生在学习方面有矛盾感和苦恼感的人高达60%,远远超过大学二、三年级学生在这方面的比率。许多资料还表明,长期以来,犯错误受处分的学生,大多是从厌学开始的。

可见,传统的刻板的"满堂灌"和"填鸭式"的教学模式和单一的教学内容,已远远不能满足学生的需求和社会的需要。因此,校园文化不仅成为高校改革的推动力,还直接成为常规教育和教学的重要补充。众所周知,大学生的智力发展情况是不平衡的,知识结构、知识水平也是不同的,而高校校园文化生活一方面能给他们提供一个展示、表现和提高自己的领域,另一方面也能为大学生的实践志趣和爱好、知识结构的完善等开辟一个广阔的天地。例如,许多高校在校园内成立的书法协会、吉他协会、英语角、演讲社等就能在很大程度上促进学生文化知识素养的提高。

(五)有利于培养大学生适应社会环境的能力

有效地培养大学生适应社会环境的能力,是当前高校校园文化建设的一项重要任务。长期以来，以攻读书本知识、追求知识积累为目标的教学模式，在很大程度上制约着大学生适应社会生活环境能力的培养，使其变成"高分低能"型的人，有的大学生在高校生活期间，适应环境和独立生活的能力很差。如果说由中学到大学环境的变迁，已给大学生带来了心理上的巨大冲击，那么，由大学到社会，大学生将面临更大的心理挑战。

复杂的社会生活要求高校大学生必须有充分的思想准备，有较强的独立生活能力和交际能力，否则，就有可能无所适从。大学校园文化生活的蓬勃兴起，使大学生在学习知识和锻炼能力方面，无法做到兼顾彼此。改革开放和市场经济体系的建立，促使高校不再关门办学，各类高校不断地通过各种渠道，让学生走出校园和适应社会。

可以说，高校生活是大学生的准社会化生活时期，而校园文化活动则是促使大学生由"校园人"向"社会人"转化的重要"催化剂"。从某种意义上说，校园文化活动在一定程度上打破了往日"伊甸园"内的单纯和幻想，使大学生极大地缩短了理想与现实的距离。

三、促进大学生全面发展的校园文化建设策略

高校校园文化建设在促进大学生全面发展的过程中发挥了不可替代的作用，促进大学生全面发展的校园文化建设，必须在坚持一系列原则的基础上，采取相应的措施。

（一）促进大学生全面发展的校园文化建设原则

1. 必须坚持四项基本原则

高校的校园文化建设是高等教育的一部分，其对大学生的全面发展具有重大作用。因此，高校在进行校园文化建设中，必须坚持党的四项基本原则。否则，就会迷失方向，走入歧途，其后果不堪设想。

2. 必须坚持抓好校风建设的原则

校风是一个高校的精神风貌的体现，努力营造一个生机勃勃、稳定、和谐、健康向上的校园文化氛围，对于促进校园文化建设是不可缺少的。否则，校风将会成为严重地制约校园文化活动顺利开展的重要因素。

3. 必须坚持因校而异、有的放矢的原则

我国高校的数量繁多，各自肩负着培养祖国所需不同人才的使命，因而在开

展校园文化活动时，不能千篇一律，必须因校而异，要让校园文化活动真正发挥应有的作用。

4. 必须坚持清理校园内精神垃圾的原则

校园本应是高雅的和清静的，然而随着自由化思潮的泛滥，校园这块净土或多或少地被污染了，因此必须采取有效措施加以清理。同时，对于那些西方节日，如圣诞节、情人节、愚人节等必须加以正确引导。只有这样，校园文化才不至于被腐蚀，才能发挥其应有的作用。

5. 必须坚持提高校园文化活动质量的原则

目前，高校校园文化活动存在"三多三少"现象，即娱乐型的内容较多，启迪型和思考型的内容较少；各种社团名目较多，但真正有吸引力的较少；校内活动较多，而能拿出去交流的节目较少。究其原因，主要是校园文化活动的档次太低。因此，加强校园文化建设必须提高校园文化活动的档次，使之更符合大学生多方面的需求。

总之，把当今社会大学校园文化建设好，更好地坚持党的四项基本原则，这不仅是培养"四有"人才所必需的，也是由巩固社会主义道路这一战略目标所决定的。因此，我们应增强事业心和责任感，把高校校园文化建设好，更好地促进大学生的全面发展，使之早日成为国家的栋梁。

（二）促进大学生全面发展的校园文化建设策略

1. 要积极开展丰富多彩的校园文化活动

要实现大学生全面发展，必须把德育、智育、体育、美育、劳育有机地统一在教育活动的各个环节中，要把这几个方面的教育落到实处，除做好第一课堂的教学外，还必须充分发挥第二课堂的作用，开展丰富多彩、形式多样的文化活动，切实加强对文化活动的建设。

首先，要开展文科类院校和工科类院校的互补教育。通过选修课和讲座等途径，在工科类院校除了继续开展传统的思想政治教育类、科技实践类、文体娱乐类活动之外，更应着重加强人文、艺术的基本素质教育。在文科类院校则需要就一些自然科学的知识普及开展一些活动。加强文化素质教育，会拓宽学生的德育视野，提高学生的文化品德、格调、情感水平，端正其价值取向。

其次，要举办高层次讲座，开展学术性活动，营造学术氛围，提高校园文化内涵。作为培养社会主义高层次人才的高校，不仅要在教师中营造浓厚的学术气氛，在学生中也应提倡刻苦钻研的学习和研究精神，使他们尽早接受学术的熏陶。因此，要积极开展学术和科研方面的活动，如聘请一些国内外、校内外的专家学者来校讲学，开展学术性的社团活动，开展学生学术论文、科研成果评奖活动等。这样既可以培养学生的创造力，同时也可以提高高校的校园文化内涵。

最后，要组织社团活动，开展丰富多彩的文化艺术活动。充分发挥学生社团在丰富校园文化建设中的龙头作用，开展涉及面广、内容丰富、适合青年的社团活动。例如，成立学生合唱团、学生乐队、舞蹈队、音乐协会、美术协会等，通过演出、办学习班等活动，培养学生的文化素质。

此外，高校还可以举办文化艺术节、文艺表演晚会，外请专业演出团表演，举办文化体育节等积极健康、文明高雅的校园文化活动，在丰富学生课余生活的同时，使学生得到道德、知识、情感和人格的升华，使身心获得全面和谐的发展，促进校园精神文明建设。

2. 要挖掘学校特色，赋予校园深层次文化底蕴

校园文化因学校的历史背景、学校结构和培养目标的不同而具有鲜明的个性特征。这是校园文化对学校全体师生员工具有巨大的号召力、感召力的根源所在。因此，高校必须挖掘自身的历史亮点，大力弘扬学校的优良传统，使校园文化建设从尊重历史渊源开始，在学校历史发展的基础上，继承优良传统、审视利弊、展望未来；结合学校人才培养目标，确定校园文化建设的方向，使校园文化建设立足于学生的全面发展，在现有校园文化状态的基础上，根据时代发展的需要搞好校园硬件建设，优化校园文化环境。

在追求校园环境规划布局合理，建筑适用美观，环境安静优雅的同时，要赋予校园建筑、雕塑、标语、课程、活动等物质建设以文化内涵，充分体现深厚的文化底蕴，使之能够代表学校的文化水准和审美情趣，符合育人的要求，能够对师生员工的思想情操、审美意识起到潜移默化的作用，在物质文化建设中突出精神文化的意义。

3. 要在思想上重视，形成齐抓共管的建设局面

校园文化是由校园物质文化、精神文化、制度文化、行为文化构成的有机整体。它们之间相互交叉、相辅相成，通过灌输、引导、感化、制约、激励、凝聚的方式，来达到育人的目的。

其中，物质文化层次侧重服务育人，精神文化层次侧重教书育人，制度文化层次侧重管理育人，行为文化层次侧重实践育人。科学、和谐的校园文化建设不

是一朝一夕能完成的。而是需要高校领导对校园文化的功能有充分的认识，并给予真正的重视，在坚持正确导向的基础上，将其纳入学校发展的总体规划中，使校园文化建设成为学校发展的重要内容。

另外，各个层次之间的相互关系也要求高校必须树立全员共建校园文化的意识，摈弃校园文化建设只是学生管理部门责任的狭隘意识，调动全体师生员工参与校园文化建设的积极性，形成齐抓共管的建设局面，在教学、管理、服务中努力做好本职工作，努力营造良好的校园文化。

4. 要加强社会实践，拓宽校园文化建设的途径

社会实践是理论联系实际的绝佳途径，通过各类实践活动，如各类社会调查、社会考察、科技三下乡、普法宣传等有益的社会实践活动，师生目睹了改革开放以来取得的巨大成就，增强了坚持社会主义道路的信念和信心，增强了社会责任感和历史责任感。引导学生认识和了解政治生活和经济生活，关心国家大事，关注社会发展，培养学生的动手能力和创新意识。

5. 要加强制度文化建设，建立规范有序的管理机制

加强制度文化建设，建立规范有序的管理机制，是维系学校正常秩序必不可少的，是搞好校园文化建设，实现其最终目标的必要保障。因此，要健全校园文化建设的组织机构，研究制订校园文化建设规划，进一步完善校园管理制度，如教学科研管理工作制度、思想政治工作制度、学生管理制度、奖惩制度、纪律规范、治安管理制度等，建立规范有序的管理机制。校园文化建设任务应纳入分级目标管理体系之中，确保校园文化建设与学校其他工作同步进行。

6. 要加强校风建设和学风建设，突出校园文化建设特色

校风建设和学风建设是衡量学校精神文明建设水平的主要标志，优良的校风和学风一旦形成，便会对学校的精神文明建设产生广泛而深远的影响，起到激发学生积极向上和奋发学习的作用。

首先，要加强师德建设和管理干部工作作风建设。教职工群体既是制度建设的设计者和执行者，也是校园文化活动的领导者、组织者和建设者，他们的思想状况、言行举止直接影响着校园文化的精神氛围，影响着学生思想品德的塑造。因此，加强师德建设和管理干部工作作风建设，在校园文化建设中具有根本性意义。

其次，要加强学生的学风建设。学风体现一个学校学生的学习水平和精神面貌。高校需加强学习目的和意义的教育、加强学生日常行为规范教育、加强学生

道德教育、加强法制教育和积极开展心理健康教育,并将其作为校园文明和学风、校风建设的切入点,引导学生在内实现精神境界的升华、道德情操的培养、内心世界的醒悟,在外实现行为举止的规范,注意"德之容、德之音、德之举"行为的养成,培养学生正直、无私、诚实、恭谨的品行和勤奋好学、求实、进取的学风。

最后,要切实有效地抓好班风建设。班风是校风的组成部分,良好班风的形成需根据校风建设的整体规划,制订出本班的实施办法,使全班大学生明确班风建设的长远目标、近期目标,使每个大学生都明确应该做什么和怎样做,从而使每个班级都形成团结友爱、互帮互助、奋发向上的良好班风。

第七章 新时代大学生文化自信培育的基本构想

培育文化自信是建设新时代社会主义文化强国的必然要求。加强大学生文化自信培育是培养时代新人全面发展的应有之义,是有效抵制外来腐朽文化的精神支柱,是实现全面建设社会主义现代化国家的重要举措。本章分为新时代大学生文化自信培育的原则、新时代大学生文化自信培育的目标、新时代大学生文化自信培育的内容、新时代大学生文化自信培育的路径四部分。

第一节 新时代大学生文化自信培育的原则

一、坚持方向性与融合性相结合

在当下的时代趋势中,想要培育大学生对文化的自信,一定要把握好文化发展的正确方向,以时代的发展要求为主导,要更多地以文化融合的方式来树立大学生的文化自信,把培养方向和文化融合密切关联,辨明确切的培养方向和目的,优化培育的成果。

对大学生开展文化自信的培育,要把方向性作为出发点,坚守政治态度,保证政治方向,遵从中国特色社会主义文化的演化趋势,尽最大可能地为当代大学生建立正确的价值观导向,为打造祖国新一代的接班人保驾护航。掌握当代大学生在发展方面的客观现状,为他们指明发展的方向,把文化自信的方方面面融入日常的理论学习以及社会实践当中,融合到他们生活的各个领域,引导大学生以极高的自觉性投入对社会主义核心价值观的实践中。

除了把文化教育融入日常教学中,更重要的是要通过文化融合的方式,使得优秀文化在大学生群体中入心入脑。充分利用好隐性教育和显性教育的不同优势,运用好各类传播载体,通过大家都容易接受的方式开展显性教育,用文化来熏陶大学生的心灵,使他们的文化自信得到增强。全面系统地促进大学生学习文化知识，促进他们全面发展，以积极的手段正面指引大学生建立正确的、积极向上的文化价值观。

二、坚持民族性与开放性相结合

树立大学生对民族文化的自信心，一定要以民族性为基础，以开放性为前提。民族性是我国文化最显著的、最典型的特征，中华民族经历了五千多年的发展，在这个过程中，积累沉淀的是历史，随之形成的是别具一格的中华民族文化。中华文化是中华民族的瑰宝，不论何时都不能抛弃。但是，这并不意味着学生只能接受本民族的文化，排斥外来文化，而是要有选择地、有原则地接触外来文化，只有这样，才能更好地体会到中华文化的奥妙。

我们要鼓励大学生勇于实践，乐于实践，在平常的学习和生活中，自觉地践行文化自信，对民族有信心，对民族的文化有信心。尺有所短，寸有所长，可以自信，但不可以盲目自负。任何文化都有其精华的部分，不可一概而论，故步自封也是不可取的。依照文化自由开放和交流互通的准则，以正向的心态正视外来文明的传播，拓展学生的文化眼界，丰富其精神世界。在开放的过程中，要理性地看待各个民族的文化，仔细辨别外来文化，透过现象看本质，学习外来文化的优秀之处，同时注意防止腐朽文化的侵蚀，以此推动中华文化的进步。

三、坚持系统性与科学性相结合

在进行大学生文化自信培育过程中，应当着重关注系统性同科学性之间的综合。从学生的整体发展出发，培养其文化方面的自信心。在此之前，对培养的方式、内容、目标和效果需要有一个系统的安排和科学的规划。

培养大学生的文化自信心，首先要遵循科学性原则。学生所学文化知识的来源首先必须是科学的，不可凭空捏造。根据不同学生的专业背景知识，设置不同的文化课程。此外，还可以依据学生的学习水平设置难度不同的文化课程，有针对性地教学，学生可以更好地进行文化知识的学习，获得更多的文化自信心。同时，教师的教学过程也要遵循科学性原则，针对不同层次的学生，采取恰当的教学方法，教授合适的教学内容。在这个过程中，系统性原则同样要受到重视。教学的过程和内容要做到清晰明了，教师要系统性地进行教学，按照教学目标确定教学步骤，突出教学中每一部分的重难点，让学生可以快速把握课程的节奏，从而可以有条不紊地学习，由易到难，由浅到深，系统地掌握文化知识，形成文化体系，从而让学生了解中华文化，增强文化自信心。

四、坚持继承性与创新性相结合

文化的发展是持续的，中华文化独具一格，绵延五千多年，有着深厚的文化底蕴和历史根基。高校需要整合好文化教育资源，从中华文化的角度出发，积极引导学生在实践中不断地学习中华文化的精髓，传承优秀的中华文化，并且让学生不断地完善自己的文化知识结构，向世界展示中华文化。在文化自信培育的过程中，创新性原则不可或缺。要想让中华文化永葆青春活力，就要做到与时俱进，结合时代发展的特征，创新文化的宣传方式、学习形式以及传承的方法，以此来吸引学生的目光，让学生爱上中华文化。

五、坚持统一性和多样性相结合

统一性主要表现在事物的本质、方向和规律上，这也就意味着一个国家、阶级及其政党开展文化自信教育的目标、指导思想和价值导向是统一的，是其统治阶级的集中体现。

多样性主要表现在事物的形式、对象和环境等方面，面对客观世界的复杂性与多变性，文化自信培育对象、环境乃至目标都有一定的差异，这也就意味着文化自信教育不能搞"一刀切"，要学会因材施教、因地制宜，尊重教育理念、对象、载体、环境等的多样性。坚持统一性才能把握正确的方向，掌握多样性才能贴近实际、贴近具体，统一性与多样性二者辩证统一，是矛盾的普遍性与特殊性的关系。

（一）统一性寓于多样性之中

大学生文化自信教育是以中华文化知识为理论基础的，以促进人的全面而自由发展和增强民族文化自信为目标，不同形态的文化自信教育又都受到中华文化这个统一本质的制约和共同教育目标的引导。坚持统一性原则，就要始终围绕统一性，明确课程建设方向，强化课堂教学主渠道，强调统编教材的权威性，凸显教师队伍的主体性，加强党对课程建设的领导。

（二）坚持统一性，也不能忽视多样性

多样性要求贴近具体、贴近实际，它更强调文化自信教育的灵活性和针对性，是解决当前各类高校差异性的现实选择。坚持多样性原则，就要不断推进技术手段的创新，既要注重课堂教学，也要关注课外实践，增强教学吸引力；立足实际，

把文化理论知识与大学生成长成才的现实生活相结合，提高教学亲和力；促进教育渠道的多元化，不仅要强调教师的主导作用，还要注重构建全员参与的以文育人体系，增强教学的实效性。

六、坚持显性教育和隐性教育相结合

显性教育和隐性教育是文化自信教育过程中两种最基本的教育方式。显性教育是有组织地、有计划地公开开展教育活动，从而使受教育者受到影响的教育。隐性教育是利用隐形资源对受教育者进行渗透，从而使受教育者无意识地、间接地受到影响的教育。显性教育和隐性教育就犹如一枚硬币的两个面一样，二者是相辅相成、不可分割的。新时代大学生文化自信教育，既要加强显性教育，又要加强隐性教育，努力做到显性教育和隐性教育的统一。

（一）充分发挥显性教育的独特优势

显性教育以其公开性、直接性等特点，利用思想政治理论课这个主要渠道，旗帜鲜明地讲中国特色社会主义文化，用科学的理论知识回答并解决大学生文化观念上的错误认识问题，用直接的方式灌输主流文化意识形态，引导大学生逐步加深对中华文化的了解，进而树立科学的价值观念和政治信仰，增强民族文化认同感和自信心。

（二）探索隐性教育的新资源、新载体

坚持隐性教育就是要充分利用各种物质载体，充分挖掘其中的文化自信教育资源，把主流文化意识形态融入章程制度、文学艺术作品、日常生活当中，发挥校园文化社团的育人作用，建设积极向上的校园文化，营造风清气正的校园网络空间，全方位地、多途径地影响大学生的文化观念和行为准则。

（三）坚持隐性教育的同时加强教师队伍建设

教师的价值观念、行为方式、生活作风等也在潜移默化地影响着大学生的思想情感、品德性格，要建设一支政治强、情怀深、思维新、视野广、自律严、人格正的教师队伍，调动全体教职工的积极性，实现全员、全程、全方位育人。

第二节　新时代大学生文化自信培育的目标

一、新时代大学生文化自信培育的价值

（一）提高大学生思想道德素养

文化是大学生的精神灵魂，是大学生面对社会动荡依然坚守初心、坚定意志不动摇的思想根基。较高的思想道德素养是一个人文化自信的基本品质，也是当今大学生应该拥有的基本素养。大学生正处于人生发展的薄弱阶段，容易受到外来消极文化的影响，从而导致部分大学生没有主见、随波逐流、迷失方向，在不良思潮的引诱下形成"个人主义""拜金主义"等不良观念。

这种文化多元化的世界趋势已无法逆转，但是我们可以从自身的文化建设出发。就文化教育而言，就是用文化来"化人"，就是把自己所学的各种文化"消化"在心中，然后通过这种消化提升自身外在的行为表现和思想觉悟，表现在思想、道德、素养的提高方面，满怀文化信心，成为一个有知识、有文化、具有高度道德素养的大学生。同时，在平常的学习、工作、生活中，大学生也要把这种科学的、积极的文化价值观内化为自身的思想意识，外化在自身的行为准则里。恩格斯曾说，"文化上的每一个进步都是不断迈向自由的一步"，指出人要实现发展必须依靠文化的创新。创新是文化进步的必要途径，只有紧跟时代的发展，赋予文化以新的时代内涵，才能让文化长久地延续和传承下去，焕发时代的新光芒。

文化的创新和发展也是我们每一个大学生的责任和担当，并且在与文化的接触和了解中促进文化的发展，不断提高自身的文化知识储备能力，不断提高自身思想道德素养建设。加强大学生的文化自信教育，提高大学生的道德素养，将个人理想与社会理想相统一，投入社会主义建设中。

（二）培育和践行社会主义核心价值观

社会主义核心价值观从不同层面为中国公民提出了基本遵循原则，是一套内容丰富、逻辑严谨、思想深邃的思想体系。社会主义核心价值观涵盖了中华文化的全部思想精髓，是社会发展的强大支撑力量。

对于核心价值观的理解不能仅仅局限于表面，要深度挖掘其背后的意蕴，要

把社会主义核心价值观融入"五位一体"的全面建设中,体现在我们日常生活的方方面面。当今面对文化竞争的新局势,培育和践行社会主义核心价值观,可以坚定社会的正确导向不动摇,丰富人民的精神需要,整合了社会意识,增强了全民族的凝聚力。

此外,培育和践行社会主义核心价值观也是我们在面临大发展大变革时期,面对西方敌对势力的分化战略时,面对外来文化的渗透时,依然能够坚定自己思想意识,坚持社会主流意识不动摇的强大思想武器。同时,它也是我们掌握文化领域主导权、话语权的重要内容。此外,社会主义核心价值观还是人民和国家的精神支柱和行为导向,对于丰富人民的精神世界,建设精神家园具有重大的指导意义。

一个人、一个民族乃至一个国家发展成什么样子,取决于社会主义核心价值观的引领,当今的中国正处于经济文化高速发展的重要时期,需要用社会主义核心价值观来引领人民,增强人民的精气神,融入生产生活中,落实到社会的方方面面;激励全体人民共同奋进,不断稳固党和国家的文化根基,凝聚起实现中华民族伟大复兴的中国梦的磅礴力量,继续屹立在世界民族之巅。

(三)推动高校思想政治教育的发展

高校是培养大学生的主阵地,是大学生接受思想政治教育最频繁的、最容易的、最有效的地方,其理应承担起思想政治教育的使命。文化自信教育和思想政治教育有着同样的价值导向,都承担着为社会培养健康向上人才的重大责任,肩负着"立德树人"的使命。在相互交织、共同助力大学生发展的同时,也要看到两者之间各有侧重,各司其职。

文化自信教育的内容,主要是针对"文化"二字,用文化对大学生进行教育。其更注重的是让大学生充分认识、了解自己民族的优秀文化,在此基础上遵循中华文化,积极践行,产生强烈的认同感。思想政治教育则是偏向思想层面,如意识形态、价值理念、宗教信仰等比较抽象的领域,是对人进行更加彻底、更加深沉的思想教育。在教育的内容上,思想政治教育也不仅限于文化方面,其手段更多,内容更丰富。但两者具有异曲同工之处,即共同促进大学生的成长和发展。

文化自信的培育方式一直以来都是高校探索的一个时代课题,要重点突出文化自信教育在高校思想政治教育工作中的主旨地位。新时代高校在工作中对教育内容和工作的时效性有着很高的要求,而"文化自信"为思想政治教育注入了新能量、新血液。

当前社会各种思潮不断涌现，文化自信如何保持与时俱进，发挥更好的育人作用，是我们迫切需要解决的问题。在这种情况下，对大学生开展全面、高质量的思想政治教育有助于培育出新时期所需要的高素质人才，提高大学生政治素养，提高大学生对思想政治教育的认识和重视，增强教育的效果，让思政教育具有鲜明的确定性和目的性。

大学生思想政治教育和文化自信教育具有相同的政治导向，共同培育出兼具丰富知识和高尚品行的大学生，让大学生承担起对自己、对他人、对社会和国家的责任，德才兼备，以德为先，为大学生坚定文化自信提供了坚强的思想保障。思想政治教育不仅是符合文化自信教育要求的时代课题，更是促进当代大学生提升文化觉悟的重要途径，为文化教育事业的发展提供了重要力量。

（四）为中国梦的实现提供精神动力

中国梦是每一个中国人的梦，目前最大的梦就是实现中华民族的伟大复兴。所谓复兴并不是扩大疆土，也不是成为世界霸主，而是回归到以前国家富强、人民幸福和祖国统一的时代。自中国共产党成立开始，中国就一直在实现民族复兴的道路上。改革开放之后，中国的经济实力、科技实力已经达到空前的状态，在经过脱贫攻坚战略之后，中国的人均收入也提升了一个高度。正所谓厚积薄发，如今的中国已经拥有了实现中华民族伟大复兴的物质基础。但有物质基础还远远不足，精神食粮才是最主要条件。文化自信是重要的精神食粮，文化自信包含了对自身的肯定以及对未来充满信心，最主要的一点就是包含了时代所需的品质。实现中华民族伟大复兴的前提是提升文化自信。只有坚定文化自信，才能激发全民族的活力，建设文化强国。

有了梦想就要付出行动，要不然就成了白日梦。如今的大学生已经成为实现中国梦的最主要力量，他们的一言一行都会影响中国未来的发展。大学生青春活泼、热情似火，有一种敢拼敢闯的劲头。敢为梦想来一场说走就走的旅行，敢为梦想寒窗苦读十几年，自然也敢为中国梦倾尽所有。中国梦的实现，需要有一种正确的人生态度。这种态度来自对中国的自信，不仅是道路自信、理论自信、制度自信，更是一种文化自信；既有几千年文化底蕴的自信，也有艰苦奋斗、富有朝气的自信。中国经历过大起大落，即使在最低落之时依旧没有把我们打倒，有一种精神支撑着我们，这种精神就是爱国精神。有国才有家，国家灭亡了，家也就不是家了。如今我们处于一个和平的年代，中国也在逐步发展，为了国家富强和人民幸福,新时代的青年还要携手同行,一起为梦想向上拼搏。

(五)加强大学生对优秀文化的认知与认同

对中华优秀文化的充分了解是大学生产生文化认知的基础和前提。新时代大学生具有"历史的纵深视野、高度的理性精神和特有的人文关怀,着眼于民族复兴、紧跟时代潮流、关注社会现实",能够运用自己的思维方式表达中国话语,讲好中国故事。对大学生进行文化自信教育,让大学生更全面了解自己民族的优秀文化,了解文化的发展历程,了解文化的历史底蕴和时代价值,在心理上达到对文化的自觉认知,形成一种自主的心理认同行为,这是认知水平的最高阶段,也是文化教化功能发挥的结果。

在文化自信教育的过程中,大学生能对中华文化产生更加全面透彻的理解,能够讲得出,道得明,能够用自己的理解把中华文化讲给别人听,充分认识到中华优秀文化的旺盛生命力和独特魅力。坚定大学生文化自信,要让中华优秀文化成为大学生的指导思想,用中华文化的强大整合力占据大学生的主流意识形态,使他们受到文化濡染,实现对中华文化的认知与认同。

(六)加强文化软实力,助力文化强国

"软实力"这个概念最早是由美国哈佛大学教授约瑟夫·奈在1990年发表的《软实力》一文中明确提出来的。2004年,他又对"软实力"的概念进行了补充。他认为,"软实力"是指一个国家的凝聚力和感召力,是与以经济实力、科技实力、军事实力和资源实力为主的"硬实力"有所区别的。在经济全球化的影响下,国内对软实力也逐渐重视起来。软实力在当今社会的地位不可忽视。习近平总书记也非常重视国家软实力,而文化软实力是国家软实力的核心。

习近平总书记指出,提高文化软实力,就要展现出中国文化的独特魅力。这种文化魅力中最重要的就是我们对文化的自信。一个国家如果没有文化软实力,文化自信也无从谈起。文化自信对文化软实力的提升具有重要作用。文化上的自信是自信力的最高表现,这是一种天生的优越感。现在各国之间的较量不仅体现为硬实力上的较量,而且也体现为软实力上的较量。要传播中华文化,让中华文化走向世界,让更多的外国人了解中国文化,提升中国在国际上的影响力。习近平总书记在多个国内外场合提到了传统文化,也展现出对中国文化的自信,这种自信深深扎根于每一位中国人的心中。

文化软实力具有无形性和隐蔽性的特征。无形性主要体现在形式上,具体表

现为一个国家的精神信仰、思维方式和人文素质等，其存在方式是无形的，没有固定的存在方式。文化软实力可以通过人的行动或者思维体现出来，影响其他国家或者民族的选择，并吸引其主动效仿，无形当中提高了文化的影响力。隐蔽性主要体现在方式上，它是一个润物细无声的过程，是经过时间的推移达到潜移默化产生影响的过程。文化软实力不是直接通过文化产品或者文化服务来影响其他国家或者民族的，而是将它们作为文化载体，将本国的文化理念融入文化产品或者文化服务当中，使他们在享受文化产品或者文化服务带来的满足时，间接认可本国的文化理念。

加强文化软实力的重点还是"走出去"，要加强与各国之间的交流，传播中国文化。文化软实力对外表现为一种吸引力、影响力。习近平总书记在党的十九大报告中指出，推进国际传播能力建设，讲好中国故事，展现真实、立体、全面的中国，提高国家文化软实力。传播中国文化的主体主要是留学大学生，他们经过中国文化的熏陶，带有深深的中华文化印记，远赴他乡去求学。他们在与外国人进行交流时可以通过自己的行为或者思维方式影响外国人的行为或思维方式，从而传播中国文化，展现中国的独特魅力。因此，大学生面对多元文化的交织时要有一种文化自信感，以自信的态度讲好中国故事，传播中国声音，让更多的人了解中国，提升中国文化的国际影响力。

二、新时代大学生文化自信培育的目标

（一）以培养中国革命文化的信守者和践行者为目标

大学生文化自信培育的目的之一就是，通过高校的文化资源培养大学生做中国革命文化的信守者和践行者。血与火中传承下来的革命文化，是当代社会主义建设者的一面旗帜，为大学生的事业选择、人生信仰、理想追求树立了清晰的标杆，是社会主义建设事业的重要法宝，是激励大学生砥砺前进、奋发图强、艰苦奋斗的伟大旗帜。能否信守和践行这些革命文化、挖掘它们的当代价值、把握它们历久弥新生命力的内在规律，是衡量大学生文化自信是否坚定的重要参考。大学生的文化自信就体现为将革命文化内化为自身的行为标准，将革命文化落实在学习生活工作的方方面面，有意识地向革命前辈学习，自觉地向当代革命文化的践行者靠拢。对当前中国在世界范围内面临的处境有清晰的认识，尤其是对我国的文化安全形势保持清醒的认识，自觉抵御西方意识形态的渗透，在腐朽文化面前保持理性警醒；在历史虚无主义对自身优秀文化和党史国史的解构面前保持独

立思考；在当下社会的泛娱乐化思潮面前保持客观视角。自觉地与党中央看齐，在政治上与党中央保持高度一致，正本清源，接受革命文化的洗礼及培育，自发融入爱国教育和国防教育中，主动了解党史国史，主动保持革命精神，向先进榜样看齐，将个人价值与社会价值、国家未来联系在一起，自觉担负起建设文化强国的重任，彰显新时代大学生的人格魅力和文化素养。

（二）以培养中华优秀传统文化的守护者和弘扬者为目标

文化的产生和创造都来源于对既有思想文化资源的开发、利用和整合，可以说，传统文化是文化发展和再造的根与魂。大学生文化自信的本质特征就在于守护和弘扬中华民族优秀传统文化，体现为对中华优秀传统文化的景仰和对民族成就发自心底的热爱。中华民族在悠长的文明演进中，产生了灿如星汉的文化瑰宝，这些珍贵的资源是区别我们与域外文明的重要精神标识。大学生只有发自内心地认同，才能在真正意义上理解这些文化的内在核心，把握传统文化的精神实质，指导自身的文化行为。

大学生文化自信体现为对中华文化的传承的同时，更表现为自发地挖掘传统文化的深层实质，感受传统文化的精神力量，捕捉传统文化的精神魅力，在新的历史条件下，尝试传统文化资源与互联网技术、新媒体平台的交互连接，探索新时代守护和弘扬中华传统文化精神的路径。

（三）以培养社会主义先进文化的传承者和引领者为目标

大学生文化自信培育的目的就是通过高校文化资源培养大学生做社会主义先进文化的传承者和引领者。社会主义先进文化是社会主义现代化建设的精神指引，是在当前多元文化冲击的历史背景下保持战略定力的重要标志。大学生文化自信培育的关键就在于培育大学生传承和引领社会主义先进文化，只有把握社会主义先进文化的精神内涵和内在逻辑，才可以从内心深处唤起强烈的文化热爱和文化认同。

大学生文化自信培育不能只是空喊口号，要落到实处，落到日常实践活动中。要妥善把握好马克思主义思想和当前多元文化之间的内在逻辑，马克思主义思想是我国的指导思想，但这并不意味着要抹杀和无视其他思想文化的存在，大学生要有清晰的思想定位和辨析能力，汲取养分、补充完善，实现社会各个群体的文化交流。同时，增强文化传承及引领的自觉能动意识，在新时期的文化践行中，号召更多的人参与到自我文化的学习和培育中。

第三节 新时代大学生文化自信培育的内容

一、大学生文化自信的理论依据

（一）文化自信的历史根基

中华优秀传统文化孕育了当代的文化自信，是文化自信的历史根基，五千多年的文化底蕴铸就了当代文化的坚实基础，习近平总书记在一次干部学习会议上强调，中华民族文化有着悠久的历史，其中积累了中华儿女对精神文化的高层次向往，是我们中华民族所具有的特殊文化认知，促进了我们中华民族的不断成长和发展。如果要构建起文化自信，首先要做的是筑牢我国的优秀传统文化的根基。

文化自信是在我国的优秀的传统文化里产生出来的，是在我们民族上下五千多年的文明涵养下形成的。从其内容来看，优秀的传统文化就是一种文化自信。我国的传统文化把儒家和道家思想作为文化中心。传统文化关注对仁德的养成，有仁德的人才能管理国家，古人认为"己欲立而立人，己欲达而达人"是达成"仁"的基本要求。这句话的含义是实现目标之前应当将完善自身品行作为准则。有德之人重视立德、立功、立业三大目标的实现，所以"仁德"在中国的扎根和发展为中华民族留下了较多高品质的美德。

因此，我们应该借鉴优秀传统文化，进而强化我国文化的基础力量。站在传统文化生命力的角度考察会发现，中国虽然是一个历经千辛万苦的国家，但其文化的发展并未受到影响。由此可以看出，我国优秀传统文化的生命力相比于其他国家而言是属于较高水平的。从建设文化强国的目标出发，文化力量的壮大有利于国家综合国力和竞争力的提高。若想要把我国建成文化强国，应当将提高文化软实力作为基础。此外，软实力的形成和壮大是建立在中国优秀传统文化基础之上的。文化自信也是建立在中国优秀传统文化基础上的。

（二）文化自信的现实基础

中国革命文化和社会主义先进文化构成了文化自信的现实基础。

1. 中国革命文化

革命文化是在我们党、进步的文人和广大的群众共同努力之下产生的独特文化。革命文化立足于中华优秀传统文化,并在此基础上进行了创新和发展,其中阐释的革命精神以及文化内涵丰富而深刻。

毫无疑问,革命文化是无产阶级所拥有的珍贵精神资源。革命文化就是坚持党的领导,为了挽救民族危机,广大的中国人民群众敢于反抗旧势力、恶势力,向着民族复兴和人民解放的目标做出努力。

2. 社会主义先进文化

新时代文化自信的建立,传统文化是根基,革命文化是动力,社会主义先进文化则是导向。在党的十八大报告当中明确记录着:我们一定要坚持以社会主义先进文化前进方向,树立高度的文化自觉和文化自信,向着建设社会主义文化强国宏伟目标阔步前进。

首先要文化自信才能文化强国。我国在社会主义文化发展中取得很多成果,其中我国的教育文化事业成果丰富,文化经济和文化产业也得到相应的发展,文化交流越来越频繁,人民群众对于不同类型的文化所持有的态度逐渐包容。尽管中国的文化建设取得了一些成就,中国的文化安全依旧有着潜在的隐患。因此,我们应该坚持发展、创新,不断强化中华民族文化的软实力,从而抵御国外腐朽文化对国内文化的负面影响。

二、大学生文化自信培育的内容

(一)以革命文化熔铸精神底色

我们要坚定地传承和发展好自己的历史文化,对革命文化也是如此。革命文化是在中华文化遭遇落后的危机中产生的,它形成于中国共产党领导的革命实践,既继承了传统文化的优秀部分,又结合了马克思主义社会科学理论,实现了中华文化由衰落转向复兴的历史跃进。

其中,以"延安精神""西柏坡精神""红船精神"等为代表的一系列革命精神,不仅展现了革命时期中国共产党的精神风貌,更为中华民族伟大复兴提供了强大的精神动力。构建大学生文化自信教育内容体系,应大力加强革命文化教育,积极引导大学生增强革命文化自信,让大学生从革命文化中得到滋养,增强爱国热情。

1. 注重革命文化的熏陶感染

文化氛围看不见、摸不着,却能让人在潜移默化中受到影响,因此要充分发挥革命文化的熏陶作用。要着力推动"三进"教育工作,使革命文化走进教材、走进课堂、走进头脑，营造一个良好的文化氛围，引导大学生树立正确的文化价值观念。走进教材，就要有意识地增加革命历史过程、革命英雄事迹等内容，提高大学生对革命文化的学习兴趣；走进课堂，就要结合专业学科特点，将革命文化融入课程体系中，帮助大学生加深对革命文化的学习；走进头脑，就要使大学生深刻理解其精神内涵，培养起强烈的民族自豪感和自信心，能够真正做到知行统一。

2. 打造弘扬革命文化的新载体

要充分利用现代科学技术手段促进革命文化的传播，运用多媒体开发以革命文化为内容的文艺作品、表情包、卡通形象等，使革命文化更加鲜活、具体，在丰富革命文化内涵的同时，进一步加深与大学生日常生活的融合。除此之外，将革命文化融入大学生暑期社会实践中，引导大学生在"行走的课堂"中切身感受革命文化的魅力，形成强烈的革命文化共识。

（二）以社会主义先进文化增强育人底气

社会主义先进文化是马克思主义中国化的重要成果，是对中华优秀传统文化和革命文化的有机整合与发展，是符合现代科学精神的中华文化。当前部分大学生在外来文化及其价值观的包围中迷失了自我，甚至背弃了自身的理想信念，这是非常危险的。新时代高校就要以社会主义先进文化增强育人底气，完成立德树人的根本任务，用科学的手段引导和规范大学生树立坚定的文化价值理念。

1. 以中国梦鼓舞大学生

近代以来，中华民族最伟大的梦想就是实现中华民族的伟大复兴，这个梦想是国家的梦、民族的梦，更是每个中国人的梦，大学生作为青年一代中最有活力的群体，不仅是中国梦的传承者，更是实践者。因此，在文化自信教育过程中，要用"中国梦"鼓舞大学生，以社会主义先进文化为精神指导，帮助大学生深入了解四十多年来国家改革发展取得的历史性成就和历史性变革，从这些沧桑巨变中感悟国家力量；引导大学生明白自己在实现中国梦过程中担负的责任，以此激发强烈的民族文化认同感；促进大学生自觉提升自身文化素养，增强承担时代使命的主动性和自觉性，在文化自觉中不断提升文化自信心。

2. 加强校园文化建设

高校作为文化人才的摇篮，是提升校园凝聚力和认同感的重要载体，因而形成有自身特色的校园文化极其重要。加强校园文化建设既要注重精神文化建设，又要注重物质文化建设。在精神文化建设方面，要防止形式主义倾向，关注文化本身的同时，灵活配置文化内容与形式，设立校风、校训，要从自身的办学特色和历史渊源出发，扬长避短，充分展现校园的独特魅力。在物质文化建设方面，要加强人文设计和规划。要让物质本身不仅仅是"装饰品"，更要赋予它们深刻的文化内涵和教育意蕴，使其真正成为学生生活和记忆的组成部分，成为学生的自觉追求。

第四节　新时代大学生文化自信培育的路径

一、优化社会环境

（一）坚持马克思主义在文化的一元化指导

马克思主义坚持的唯物史观指明了国内文化应坚持的目标，其对文化本质进行了阐述，坚持从实践出发以期发现文明发展的趋势。

马克思主义应作为全球人们的精神财富，其价值巨大，在中国的实际应用中，马克思主义和优秀文化间的融合、交织、渗透相辅相成，且随着实践的改变而灵活应变。历史实践已阐明，马克思主义是合理的、严谨的，具有实践性的理论，指明了我国文化应坚守的方向，体现出强大的真理性，表现出极强的创新思维。大学生应有强烈的文化自信心，领会马克思主义文化观的思想内涵，将优秀文化具有的时代价值发挥到最大限度，进一步传承和创新传统文化。

（二）巩固在意识形态中马克思主义的指导地位

受全球经济文化形势错综复杂的影响，意识形态体系较为混乱，其平衡被打破，若要打造出感召力强的核心价值观念，以马克思主义来指导意识形态这一点毋庸置疑，仅有如此，方可将不同的社会意识进行整合，维持社会的稳定。

1. 巩固在意识形态方面马克思主义的指导地位

意识形态工作是稳住民心的举措，所以要确保在建设文化体系历程中意识形态应当发挥的主动权、话语权。

党的十八大初期，党中央将较多精力集中于意识形态工作之上，进一步强化什么是当代主流的意识形态，将意识形态具有的管理制、责任制功能落到实处。当然，由于输入文化的侵入，国内一些意志不坚定者极易被错误思潮影响，恶意传播虚假、错误的不良论点，将西方文化作为高级价值观的体现。我们更应该坚守理想信念之基，不断将传统文化发扬光大。

2. 社会主义核心价值观的培育及践行

社会主义核心价值观是中华民族所坚守的理念，其聚集了历史长河中的道德规范和准则，也是社会主义时代的呼声，具有跨时代的历史意义，也是几千年来的文化传承，更是当代人们应该坚守的信念与民族对美好生活的向往契合。习近平总书记曾经明确谈道，"要重点打造时代新人"。主流价值观是中国人民均应发扬和遵循的内容，是我国优秀思想的结晶，需不断推广和弘扬，并对其付诸实践。

要将社会主义核心价值观体现在校园所组织的文化活动之中，组织形式多元的课外活动，使大学生在潜移默化中被主流价值观浸染，把其当作平日学习与生活的基础准则，提高价值选择的能力，在思维与行为上都反映出主流价值观的内涵。要参与好学校与社会的实践活动，促进大学生自我素养的提升，通过自己的切实行动，不断传播主流价值观念。教育大学生将具有丰富内涵的核心价值观当成自己奋斗和践行的目标，把理想信念、价值观念的形态蕴藏于内心中，以语言、行为、实践的形式体现出来，从而形成强大的凝聚力。

3. 构建风朗气清的网络生态环境

网络信息对大学生文化自信的形成是一把利刃。党的十九大报告中谈道，"要保持舆论导向的正确性，构建健康、积极的网络环境"。

由于互联网飞速发展，人们在认知世界中有了新窗口、新途径，进一步将其思维及视野推上了新高度，有助于更快速地传播文化。随着自媒体的发展，平台用户几乎无准入条件，社会上开始涌现出无序失范、消极落后的乱象，在无形中伤害了大学生的身心健康。建立健全网络环境，对于网络生态的提档升级至关重要，且刻不容缓，义不容辞。

（1）网络文化的建设需受法律的监管

政府部门需结合马克思主义基本原理的内涵，积极运用党管互联网的理念和方针，将网络安全建设做到有法可依、落到实处，加大监管力度。对网络空间进行优化，建立完整的管理制度，对需要发布的网络内容进行认真地审核，确保网络处于良性运转中，使互联网传播模式透明化、合法化、科学化，重视传播方式，坚决抵制不健康的信息，确保信息的可信、真实、安全。

（2）开发专题网站筑牢文化自信

由于我国网络技术日新月异，智能手机逐渐被研发，当前大学生的学习及生活均离不开手机、电脑等通信工具，因此信息化工具与其生活密不可分。在如何培育文化自信的课题中应充分利用网络的优势，将思想政治课与网络教学相结合，增强大学生的文化自信心。因此，专题网站建设很有必要，开设专题版块传播文化自信的相关内容，当学生在浏览校园网站时，无形中在头脑中输入传统文化，进而潜移默化地熟知文化。

此外，大学还应将微信公众号加以利用，发动学生均关注公众号，通过其推送功能定期或不定期上架文化自信知识，如鉴赏经典作品、分享红色文化、践行具体活动等。采用推送经典文化的方式为大学生实践活动提供平台，乘上校园网络文化的翅膀将文化载到全国各地，提升大学生的文化满足感和自豪感。高校也能够在官方微博上设立传递文化自信版块，及时更新主题活动等，在网络教学的帮助下大学生能够快速地塑造对传统文化的自信心。

（3）基于社会主义核心价值观促使网络文化健康发展

习近平总书记曾表示，"监管网络空间反映了以人民为中心的主旋律，希望为群众创造一个干净、充满正能量的学习环境"。在强烈的舆论斗争中，互联网是最关键的碉堡和场地；在马克思主义思想的科学指导下，对网络舆论风向把握在手，有助于确保拥有一个安全的意识形态，构建健康、和谐的网络思想文化。

坚守传统的先进文化体系，向人们推崇科学真理，坚决抵制封建迷信，将科学精神继以发扬，将先进文化播散至中华大地的各个角落，并生根发芽。对于低级趣味、迂腐的文化，大学生要持反对态度。当前需要给网民传播正确的文化知识，只有将优秀文化以网络传播的形式渗透到人们的生活中，才可以使大学生产生强烈的社会责任心，培养大学生的文化自信心。坚持文明上网、科学发声，方能呈现出气正风清的网络环境，构建和谐、美好的精神交流平台。

二、优化家庭氛围

家庭孕育一个人的生活习惯、思想品德及人生感悟等，家庭教育与孩子的成长息息相关，家庭教育滋养了每一代人，家庭美德是家庭文明建设的精神基础。子女的成长和家庭长期的教育理念、文化熏陶联系紧密，家庭氛围是否良好将在较大程度上影响大学生文化自信心的培养，因此应提升家庭传递的教育理念。

（一）重视家风建设

家风为一个家庭坚持的价值准则，构建良好的家风，聚合家庭精神，有助于提升家庭成员规范自己的行为及思想。在长时间的耳濡目染下，成员能够展现出相似的精神气概，为家庭磨合后产生的道德标准，表现在家庭的美德与伦理方面，感染力极强。父母是孩子的首任教师，需要承担重要的任务。纵观古今中外，凡是卓有成效之人的家风均为良好。家风优良是一个家庭重要的隐形宝贵财富，帮助家庭成员规范自己的行为及思想道德，还可以加速培养其积极向上的文化底蕴。

优良家风得以传承关乎一个国家的命运，良好的家庭环境有助于加深学生对传统文化的理解，在青年人的成长环境中较为重要。家庭为学生养成良好的生活习惯、思想品德、幸福感及人生体会提供了场所，家庭教育与学生一生的发展关联紧密。一直以来，中华民族均重视家庭教育，优秀的教育理念值得传承至下一代，家庭氛围良好有助于学生树立较强的文化自信感。

就家风建设而言，父母需要发挥表率作用，引导子女加强个人素养。家长如果重视传递"儒家八德"思想，将有助于子女树立正确的价值观；父母若在对待先进文化时能包容、接纳，则有助于为子女树立远大的目标。

（二）营造浓郁的家庭文化氛围

大学生在如何培养文化自信方面，需关注父母重要作用的发挥，因为父母是其文化教育中的榜样。当然父母需提升其本身的文化素养。

习近平总书记指出："家庭是人生的第一个课堂，父母是孩子的第一任老师。"父母的自身素质良好，可以正确地引导子女，不管父母是否拥有较高的知识文化水平，均应从小培养孩子保持良好的习惯，加强知识储备，做孩子学习中的榜样。

除此之外，父母还应该培养自己的读书习惯，多阅读古典名著，拓宽自己在知识海洋中的视野，将其情操得以提升，成为真正的"读书人"，与子女多互动，使家庭氛围充满文化的气息。父母的言传身教将直接教育子女，增强自身文化素养，才可以更好地养育子女，使其拥有健康的心理。

另外，父母还应结合时代背景，开拓创新，培养健康的价值观念。家庭与整个国家的发展走向息息相关，父母应注重子女家国情怀的培养，建立起对传统文化的自豪感、敬畏感和满足感。坚决抑制其对国家的不满、对西洋文化的崇洋媚外，及时制止其在思想上的偏离，注重爱国主义情怀方面的培养。父母还应将其传统的教育理念加以改变，除了关注成绩，还要培养子女的综合素质。

总而言之，大学生群体若要构建文化自信，需要结合多方面的因素共同发挥作用，不断地加强理论储备，践行俭学，找出在当前时代背景下适用大学生行之有效的方式，以至于培养一批有担当、有理想、有使命感的天之骄子，担起复兴中华民族的重要职责。

三、发挥大学生的主体作用

在当代文化背景下，大学生在文化自信领域撑起了一片天，如何增强其对传统文化的使命感、认同感，为我国文化感到自豪，是其应该坚持和遵守的伟大使命。

（一）坚定革命文化信仰

长期以来，革命文化以中华儿女寻求救国为起点，经历了太多苦难，我们民族逐渐迈向了辉煌道路，很多革命先烈为此奉献了宝贵的生命，也体现了国人的傲气和精气。一场场革命斗争和传统文化密不可分，相互作用，均有助于大学生对传统文化建立使命感和自豪感。

革命文化是我党领导人民在困苦的日子中不断斗争形成的，是可以体现出时代特点的精神食粮，其中凝聚了丰富的革命道义及精神，充满了革命斗志，蕴含了革命先烈无私奉献的精神，为革命的发展指引了前进的道路。我国多年来沉淀的革命文化是马克思主义和我国国情二者融合的成果，表现着独特的中国风格，体现出艳丽的民族色彩，是中国人民通过党的领导，呈现出勇于拼搏、砥砺前行、不畏牺牲的精神面貌。革命环境艰难困苦，其中也蕴藏了很多机遇，以此为后人留下了津津乐道的伟大事件，尤其是延安精神、长征精神等影响了一代又一代人，表现出我党在伟大的革命斗争中始终有乐观向上、顽强拼搏的优秀精神。

当代年轻人应该熟知我国的历史，对革命文化的内容、渊源进行深入了解，并分析其在当代社会中的价值，理解当前的幸福生活来之不易，是艰苦斗争的成果，应对历史保持敬畏和感恩的心。大学生应主动到革命基地回顾历史，通过参加志愿者服务、拜访革命先辈、践行红色采风等形式，从典型事迹或者先进英雄人物身上学习红色文化。对标先进、积极进取，同时还应该多接触红色系列小说及影视作品，如《太行山》《长征》《英雄儿女》等大型影视剧，进而受革命文化的洗礼，在马克思主义思想的深刻指导下，积极主动地传扬革命文化。

（二）传承中华优秀传统文化

在我国社会几千年文化的发展浪潮中，各族人民兢兢业业、推陈出新，通过理论与实践相结合，为我们传统文化披上了一层神秘的面纱，使得中华民族的文化既璀璨无比又博大精深。文化的内涵不仅是先辈智慧的沉淀，也象征着民族繁衍不息的动力，是中华民族优秀文化的结晶。中华儿女坚守文化自信，创造出具有特色的中国精神，是中华民族繁衍下来的文化根源，彻底丢弃传统，刨除根基，就和割裂精神命脉一般，将会是毫无发展可言的。

中华优秀传统文化中包含的人文精神、哲学观念、道德规范等，为世人奉上了精美的精神食粮。教会人们应坚持道法自然、天人合一的处事准则；应坚守天下大同、天下为公的政治抱负；需遵守求同存异、文化承载道的处事之道；表现出中华民族在时代中逐渐产生的思想观念和其他民族的精神有一定的差别，体现出始终不蜕变的本色。

传统文化的弘扬和传承与整个民族及国家的利益、命运及未来的走向密切相关。当代大学生需将其思想端正，时时刻刻回顾和礼赞传统文化，为优秀文化而自信，坚守正道，不忘初心，不负韶华。

大学生应将来之不易的校内资源充分加以利用，多品读经典古籍，在课余时间积极在优秀的文化活动中发光发热，以至于深刻认知传统文化，汲取优秀文化中的丰富营养。

此外，学校应结合学生的特点开设针对性较强的文化课程，如组织读书分享会、诗词大会及专题讲座等，以传统节日为契机，邀请学生参加蕴含传统意义的庆典活动，通过优秀的传统文化洗礼其思想，使学生感知知识的光芒，为传统文化喝彩加油，最终主动传承文化。在大学课堂上，教师应强调思想政治课对大学生思想教育的重要性，提升其对优秀文化的认同感，使其对民族文化具有一定的信心，将马克思主义文化观作为基本指导思想，将优秀传统文化不断推广与丰富。

（三）理性应对外来文化冲击

1. 提升文化辨析能力，防范历史虚无主义

对于像历史虚无主义这种唯心主义的错误思潮，否定了人类历史的发展过程，否定了马克思主义的指导思想，具有不同类型、不同侧重点、迷惑性强、危害性大等特点。对历史虚无主义的辨析，文化建设教师要带头发挥引领作用，对于思潮的辨析要客观、明确，态度坚决，反对一切诋毁、侮辱我国形象的言行。教师要发挥好高校历史教材的权威功能，通过教材里鲜活的历史故事，加深他们对中华文化了解，让大学生的文化辨析能力在文史读物的浸润中得到提升，防止落后、腐朽的文化影响大学生的成长。

因此，大学生要有清楚的政治意识和高超的文化辨析能力，同历史虚无主义坚决斗争，必要时运用法律来规范匡正思想行为，正本清源，遏制不良思潮的传播，及时消除对社会的危害。

2. 以本国优秀文化为主体，理性应对外来文化

大学生文化自信教育有一个中心，就是以我国优秀文化为基本内容，开展文化教育活动。在中华民族历史长河中，孕育了无数优秀的文化思想。这些文化不仅思想深邃、内容丰富，更重要的是为中国人民提供了为人处世、立身行世的准则，是中国人民精神的归宿。当前对大学生文化自信的培育就是要立足我国优秀文化，把我国优秀文化发扬好，传承好，对外来文化理性应对，用自己的思维去辩证看待，促进文化自信的提升。

理性应对外来文化就是让大学生不要全盘否定外来文化，也不要全盘吸收外来文化，而是要对文化中有碰撞有冲突的地方有自己的文化评判标准，懂得什么是"精华"文化，什么是"糟粕"文化，批判继承外来文化来丰富自己的文化素养。这就要求大学生在大学文化课堂上，建立文化辩证思维。对待一切事物、一切问题都要用马克思主义的辩证观去评判。任何东西都有两面性，用辩证的眼光去看，会得到客观的、全面的见解，这才是大学生文化自信培育的重要课题之一。对于外来文化的精华，我们要善于学习，懂得借鉴。用尊重、平等的眼光去看待，取长补短，为我所用，做到以我为主又兼收并蓄。

3. 加强文化安全教育，形成正确的文化观

当今社会主流文化、外来文化、娱乐文化、地方文化相互交织，情况复杂。改革开放发展的正确方向和网络国际化的趋势让各种文化相互碰撞，互相激荡。各种文化思潮应运而生，广泛传播，对我国大学生的文化观造成了很大的冲击。提高大学生的文化安全教育，树立牢固的文化安全意识，使大学生在面对各种文化选择、文化冲击时能够有清醒的头脑、正确的文化判断。认识到文化安全的重要性，形成正确的文化观是当前我们应该加强文化教育的重要举措。

加强大学生文化安全教育，要让高校教师运用好文化课程，对国际发展形势、文化内容、应对措施等各方面知识进行系统的讲解，提高大学生的文化安全意识，对文化有充分了解。通过对我国历史文化的正面引导与学习，让大学生形成正确的文化观。在思想上高度重视，教师要率先垂范，通过课堂、班会、团会、团建等各种活动，向大学生宣传，结合不同内容深入讲解，让大学生明白文化安全是

国家安全的重要部分，坚持我国自身文化的主体性，对威胁我国文化主体性的文化要谨慎对待，辩证看待，不盲目认同，要坚定我国文化的绝对地位。

此外，还要在校园内构建良好的文化氛围，大学校园环境是文化传播的重要场所。浓厚且积极的文化氛围能够促进大学生对文化的感知，在这样的环境影响下，坚持我国的优秀文化，对正确文化观的树立能起到事半功倍的效果。在环境氛围的影响下，更好地促进大学生的改变，促进正确文化观的形成。

（四）提升对社会主义优秀文化的认同感

在建设和推动社会主义改革进程中，产生了一系列的文化精神，其中典型代表就是雷锋精神，其呈现出了只有拥有艰苦奋斗的品质，方能推动各族人民通过不懈努力取得民族进步。

首先，大学生应将思想政治课学实学牢。中华传统文化应为马克思主义的加入而充满了活力和生机，大学生应该主动学习沉淀下来的优秀文化，并在传承核心价值观方面添光加彩。

其次，大学生要不断参与校内、校外组织的丰富多彩的实践教学活动。习近平总书记认为，"时代孕育思想，理论依赖于实践"。从中华人民共和国成立早期的贫瘠到如今在全球均有发言权，让每个大学生感知到中华民族从食不果腹再到走向富强，进而发自内心的称赞，对于传统文化保持较强的自信心，通过实践活动，将理论知识得以巩固和检验，最终内化于行、外化于身。

最后，大学生群体应将注意力转移至时事上，应知晓国家的方针政策，了解人们所需。对于充满正能量的作品倾注更多的感情，应将传递主流价值的优秀作品大力宣传，进一步净化大学生的心灵，在大学生的思想上筑起红色的理念，播下优秀文化的种子，陶冶情操，使大学生从内心上认可传统文化，感知社会主义核心价值观念的巨大魅力。

（五）提高自我学习能力，提升文化素养

大学生学习成长的关键在于提高自我学习能力。教育者的理论灌输是推动大学生学习的外因，而内因对学生的发展起决定作用。大学生自我学习的意识一旦觉醒，大学生会主动参与学习，有利于提高其内在品质。大学生进行自我学习，需要发挥思想政治教育的引导和渗透作用，提高大学生的思想政治觉悟，使大学生意识到思想政治教育对个人发展的重要作用。

加强大学生思想政治教育，能提高大学生的文化素质，让大学生主动意识到

自己对国家的重要性，从而增强对祖国的热爱，并为了祖国能够繁荣昌盛而主动提升自己的能力，为实现中华民族伟大复兴而奋斗。在进行自我学习时，会由被动接受教育到主动接受教育，从他律变为自律，从而在学习过程中不断约束自己，管理自己，促进自己朝着更好的方向发展。大学生不再处于高中时紧张的学习状态，而是转化为更自由的学习状态。在大学校园里，大学生有充足的时间进行自我学习。

1. 加强对文化自信的思考，树立文化自信意识

文化自信是时代发展的产物，当物质条件达到一定程度的时候，精神食粮也要不断补充。文化是一种深层次的精神追求，是民族发展和生存的重要精神力量。一个国家的强大离不开文化的发展与繁荣。在新时代背景下，我国倡导文化自信，这种自信不仅是对中国传统文化保持自信，对马克思主义产生自信，对中国社会主义先进文化保持自信，更是一种对中国发展保持自信。我们从哪里来？我们要走向何方？中国是具有五千多年历史的文明古国，最终我们也要走向文明复兴之路。文化自信不仅是民族复兴的精神动力，而且也是时代赋予我们的历史使命。

新时代大学生是中华文化的传承者，在这个新的历史方位中要自觉担负起文化使命，树立文化自信意识，做中华文化的传播者。树立文化自信意识，就要对中华文化表示认同，热爱中国文化。在多元文化的碰撞下，中国传统文化容易受到西方文化的冲击，大学生也容易被西方思想带偏，对中国文化产生怀疑。面对这样的情况，大学生要学会主动出击，不断学习理论知识以武装自己，加强对中国文化的了解，树立文化自信意识。提高文化自信，不仅能够促进国家的繁荣进步，而且能提升自己的品德素养。

2. 积极参与实践活动，提升自己的责任意识和集体意识

参加实践活动是吸引大学生进行自我学习的重要渠道。通过实践活动，大学生能够直观地感受和理解文化理念，发现自己的不足之处，并逐渐转变自己的文化认知。积极参加文化实践活动，可以将文化自信的培育融入实践当中。大学生在文化交流活动当中，可以培养自己的文化兴趣，学习到中国的文化知识，了解新时代的时代使命。

大学生在参与学校组织的民族文化活动时可以感受民族文化的独特魅力，提高对传统文化的自信；在参观红色革命纪念馆时，可以感受革命先烈为祖国的发展做出的贡献，他们为新时代的大学生做出了先锋榜样，有利于提升大学生的责任意识，为中华民族的伟大复兴而奋斗；在参与学校组织的集体文化活动时，需要大家相互合作，互利共赢，培养大学生的集体意识。

四、创新培育模式

教育模式是人们开展文化自信教育实践活动而采取的一系列教育策略，具有一定的程式化。当前，高校对文化自信教育愈加重视，相关教育活动、培养活动也逐渐增多。但总的来看，大多是通过将文化自信教育作为思想政治教育的重要内容来展开的，并未形成系统性的课程体系，且教育方式不够新颖，多以理论灌输为主，忽视了对大学生积极性的发挥。这些都促使高校要不断创新文化自信教育模式。

（一）优化课程体系

课程体系作为帮助大学生获得文化知识、提升文化素养的基本载体，它的设计对教育成效具有重要的作用。高校要抓住深化课程改革的契机，优化文化自信教育课程体系，通过打造文化自信教育精品课程，合理开设通识课程，丰富实践课程文化内涵，让学生加深文化认知，增强文化认同感和自信心。

1. 合理开设通识课程

通识教育是改善分学科教学造成人才知识结构单一的有效途径，高校可以通过开设相关文化通识课程，提高文化类通识课程的学分和水准，最大限度地吸引大学生主动参与到文化自信教育中，加深对自身文化的认知，建立自身文化的结构；同时，把握适度原则，要根据学生身心发展特点，分阶段增加相对应的文化比重。例如，大一、大二年级开展中国通史、经典著作、文化鉴赏、基本理论等相关的通识课程，到了大三、大四年级，可以在基础教育上增设实践课程，增强文化对学生的熏陶，为坚定文化自信奠定坚实的基础。

2. 丰富实践课程的文化内涵

实践课程是拉近师生关系，增强大学生切身体会的重要手段，这种形式的教学能使大学生充分感受中华文化，进而坚定文化自信。高校要充分利用这一形式，将文化教育融入其中。例如，开展以社会主义先进文化为主要内容的主题讲座，引导学生培养社会主义核心价值观；开展以革命文化为主要内容的社团活动，大力宣扬革命历史、革命精神、革命英雄人物；组织以中华优秀传统文化为主要内容的比赛活动，引导学生阅读国学经典，感悟传统文化。

3. 打造文化自信教育精品课程

任何课程都有其专业性及自身独特性，要想实现预定的课程目标，就必须付出相应的时间与精力，文化自信教育相关课程也是如此。文化自信的培育是潜移默化的，需要长时间的投入，只通过思想政治理论课来开展文化自信教育，并不能实现培养大学生深厚文化自信的目标。

鉴于此，高校在课程设计过程中要有意识地将文化自信教育从思想政治教育课程中分离出来，并结合地区、院校、学科特点开设文化自信教育相关课程，在教学时长、教学内容、教学方式、教学载体等多方面下功夫，通过提高课程质量，打造精品课程，吸引更多的大学生自觉参与到文化课程当中。

（二）转变教育方式

随着文化多元化和网络信息化时代的来临，文化自信教育方式也应该做出转变。教育者要更新教育观念，学会转换角色，了解学生的所思所想，做教学活动的参与者、引导者，与受教育者构成"教学相长"的本质关系；同时，教育者要创新教育手段，将信息技术有机地融合到文化自信教育中，让信息技术成为大学生加深文化认知的工具。

1. 注重发挥学生的主体性

学生在教师的指导下能够在教育过程中自主地处理好与之相关联的外部世界的关系，在此过程中表现出来的特性即自主性。充分发挥学生的主体性，首要的就是更新教育观念，科学定位师生之间的关系，明确大学生在学习中的主体地位。教育者要教会学生思考，教会学生自主学习，留给学生更多的学习机会；要让大学生更多地参与到社会活动当中，激发自身的学习兴趣，探寻中华文化发展历程，加深对中华文化的认知，培养起坚定的文化自信心；要突破理论教育的单一化形式，引导学生开展项目式学习，以组建团队的形式解决开放式问题，满足学生的个性化成长需求。例如，在课堂上组织与文化教育内容相关的分组辩论、小组讨论、个人演讲、现场模拟等活动，提高学生参与教学活动的积极性。

2. 充分运用信息网络技术

充分运用信息网络技术开展文化自信教育，不仅能丰富教学资源，更能吸引大学生主动参与、积极接受文化自信教育。高校要紧跟时代的步伐，打造有时代特色的中华文化网站，为大学生提供一个形式多样、内容丰富的线上学习平台。例如，在网站上设置文学艺术专区，收录具有影响力的文学艺术作品，也可以设置相应的校园文化专区，鼓励学生投稿，提升对中华文化的兴趣；逐步将慕课形式引入文化自信教育中，通过音频、图像等多种形式展现中华文化，同时组织学生开展相应的文化活动,实现线上线下的配合教学;充分利用智能手机软件,将文化教育融入大学生的日常生活中,提高大学生的关注度。例如,通过微博、微信、学习强国、学习通等程序,推送与文化相关的常识、短文、音频、图像等资源,实现资源共享。

(三)加强校地联动

校地联动是普及文化知识、让大学生切身感悟文化氛围的重要途径。高校作为培养文化人才的主阵地,对所处地区的经济发展和文化建设有着较大的推动作用,同时又受地区发展水平、社会环境、文化氛围等因素的影响。

高校应加强校地联动,深入挖掘每一个地区独特的历史文化资源,通过走近历史和感悟历史的方式,引导大学生加深对中华民族发展脉络的认识,进而增进文化认同,认可中华文化价值,实现大学生文化自信的教育效果。

1. 开发利用实践教育基地

高校要充分发挥展览馆、博物馆、纪念馆等爱国主义教育基地的文化教育作用,积极开展与中华文化相关的社会实践活动,组织大学生到名人故居、革命老区等地方进行参观学习。同时,也可以结合课程特点和学生的身心发展状况,开发利用一些保存较为完整的文化旧址,将此作为进行文化自信教育的实践基地,这都是吸引大学生主动参与文化自信教育活动的有效手段。

同时,也要认识到,当前大学生个性鲜明,又极具主体性,若无正确的理论原则和方法作为引导,校外实践教育活动很有可能成为走马观花式的外出游玩活动。因此,要格外注重参观学习的过程,要求学生提前查找有关资料,在参观过程中带着问题有选择性地观看,或者以自身兴趣为导向进行观看,观看结束后及时思考,及时记录,从而将参观学习的效果最大化,从根本上提高大学生自主探究的能力,将文化认知转化为文化认同,进而坚定文化自信。

2. 加大与地方政府的合作力度

高校是人才的集聚地,对地方的文化建设有着较大的影响。高校要加大与地方政府的合作力度,制定校地文化协同发展的相关制度,联合地方政府开展以中华文化为核心内容的各类活动,打造地方知名文化品牌和特色文化产业,营造和谐的文化环境,组织学生借助平台开展更多具有重大影响力的文化活动,在拓宽大学生眼界的同时,鼓励学生融入社会,增强对民族文化的认同。

五、发挥大众传媒的正确舆论导向作用

（一）利用网络平台，以喜闻乐见的形成进行文化传播

随着网络文化的发展，课堂教学已经不是大学生获取知识的唯一渠道，大学生可以利用网络来丰富自己的知识，从而激发思维，扩展自己的文化视野。网络文化有各种各样的文化信息，在网络中，大学生可以了解未知的世界，获取更多的文化信息。网络是文化传播的重要渠道，通过网络我们能够了解更多的文化信息，能够知道书本以外的知识，能够认识更多的世界文化。

我们可以通过网络传播正能量，"正能量"这个词在近几年当中经常被提起，正能量代表着一种积极向上、健康乐观的情感，也是人们对美好生活的追求。在网络上传播正能量，能树立正确的价值取向，弘扬社会主义核心价值观。大学生作为网络传播主体之一，要树立责任意识，恪守网络制度，自觉维护主流文化，用独特的、喜闻乐见的方式传播文化。

在这个网络时代，越来越多的人开始使用互联网，网络信息在互联网的影响下得到快速发酵，大众文化也在网络的影响下加快更新速度。发展大众文化，要以喜闻乐见的方式才能广泛传播。要利用好网络媒体这个载体，充分利用它传播速度快、影响范围广的特点，将大众文化以喜闻乐见的方式传播出去。在这个新时代，新兴媒体得到快速发展，网络电视、网络广播等不断涌现，现在的人们不是以报纸、电视获取新闻信息，而是通过 APP 就能够得到自己想要的信息。但新媒体的发展不仅给人们以自由发展的空间，而且也带来一些错误的信息，引导人们犯下严重的错误。在大学生活当中，体现最严重的就是网络校园贷。不法分子利用网络平台，诱惑部分大学生进行网贷，大学生因无力偿还网贷而跌入深渊。所以，加强网络管理，甄别网上内容，过滤有害信息，营造一种积极向上的网络文化是社会发展亟须解决的问题。要利用好网络这个新媒体，营造良好的网络环境，以喜闻乐见的方式传播积极向上的网络文化。

（二）净化网络环境，形成正面舆论氛围

互联网是一个自由发表言论的平台，每个人都可以在互联网上诉说自己的心声。一段丰富的语言，一个生动的表情符号，都可以传递出人的情感。网络的开放性也决定了任何人都可以进入虚拟世界。人们可以虚构自己的网络世界，隐藏自己的性别、年龄、工作等，在网络的虚拟世界中找到志同道合的朋友。与此同时，网络也成为民众表达诉求的渠道，当遇到不公正待遇时或者表达自己的某些

看法时，人们都会在网络上畅所欲言。

国家机关也利用网络的便利性，开设了网络政府，在网络上公开会议。民众能随时了解会议内容，在网络中表达自己的想法或者见解，有效地参与民主监督和民主决策。但网络也是一个大杂烩，人们虽然可以在网络中畅所欲言，表达的信息是否真实可靠却难以辨别。

近几年来，有不少骗子利用网络虚假信息来骗取网民，从中获取不义之财。一些虚假言论被恶意转发，有些网民在没有甄别信息是否真实可靠的时候就跟风式转发，给社会带来不利的影响。

网络给我们打开了一扇门，走进去可能看见多彩的世界，也可能陷入其中无法自拔。在互联网中，我们摆脱了各种束缚，但这种自由的快感如果过度就可能会产生负面效应，最终我们要为自己的偏激言论买单。近年来，不少网络维权事件不断出现，有些网民发表不正当言论给当事人造成严重影响，最终当事人利用法律手段来维护自己的合法权利并取得成功。

在这些网民当中有不少在校大学生，他们虽然受过高等教育，但网络成了他们发泄的领地。虽然大学生可以在网络上发泄自己的情绪，但如果过度就可能对社会产生不良的影响。所以，网络空间需要管理，相关部门要依法加强对网络的管理，加强对网络新技术、新应用的管理，确保互联网可管可控，营造一个良好的网络环境。

网络具有自由、开放的特点，净化网络环境需要发挥价值观的引领作用，形成正确的舆论导向。在网络环境中，存在着不同的文化，有高雅的文化，也有低俗的文化，这些文化之间的碰撞对人们的思想行为产生影响。

错误的言论引导会使人们产生价值观的偏离。网络环境是一个虚拟的网络空间，在这个空间里人们相互协调，实现信息共享。为了创造一个良好的网络环境，网络教育工作者要在网络环境中加强对社会主义核心价值观的传播。社会主义核心价值观作为一种主流意识形态，能规范人们的思想行为，引导人们在网络环境中传播正能量。

六、强化大学生文化自信教育运行机制建设

（一）完善大学生文化自信教育监管机制

监管机制是提高教育质量，增强教育执行力的重要保障。完善大学生文化自信教育监管机制，要以习近平新时代中国特色社会主义思想为指导，以提升教育

质量为目标，构建起明确的管理体系、严密的监督体系和有效的评估体系，衔接整个文化自信教育过程。

1. 要构建起明确的文化自信教育管理体系

明确的管理体系是保证文化自信教育正确运行的基本前提，高校要树立科学的管理理念，坚持党委领导下的校长负责制，着力构建突出本校特色的文化自信教育管理体系，努力探索管理育人工作新途径、新方法，将文化自信教育工作贯穿学校教育管理服务全过程中，明确职责分工，有效发挥各级行政部门、团委以及学生组织的文化育人功能，提高全员全程育人效率。

2. 要构建起严密的文化自信教育监督体系

严密的监督体系是确保文化自信教育提质增效的重要手段。高校要对文化自信教育开展经常性督导，以定期检查和随时抽查相结合的形式，重点监督文化自信教育的开展情况，主要包括课程教学进展、校园文化建设、文化社团建设、文化实践活动、日常教育、网络技术利用等方面，对开展不顺利的要及时指导、大力支持，对落实不力的要严肃批评、及时整改，以此提升本校文化自信教育成效，助力大学生坚定文化自信。

（二）完善大学生文化自信教育激励机制

激励机制是指在文化自信教育过程中，运用特定的手段与管理体系，激发教师积极投身文化自信教育中，鼓励学生主动参与文化自信教育，共同实现文化自信教育目标。奋斗离不开强大动力，而持久的动力离不开正向激励的推动，为了保证文化自信教育成效、提高教育质量，必须完善大学生文化自信教育激励机制，以典型的榜样激励和适当的参与体验激励，促使文化自信教育落到实处。

1. 典型的榜样激励

榜样的力量是无穷的，榜样不仅是用来敬仰的，更是用来学习的，进而帮助大学生找到人生的意义。高校运用典型的榜样激励，要选取适合文化自信教育的榜样事例。大学生只有不断学习榜样品格，秉持榜样志愿，发扬榜样精神，才能在平凡中创造不平凡。

除此之外，还可以从日常生活着手，以身边的好人好事来影响大学生，让大学生树立争做学习榜样的文化自觉，以此带动千千万万个大学生增强民族文化认同感，树立民族文化自信心。

2. 适当地参与体验激励

参与体验是获得知识的重要途径，新时代大学生主体意识增强，思维活跃，敢于打破常规，在受教育过程中不喜欢一味地被动接受，反而更多地希望参与其中，要让大学生在参与体验中切身感悟中华文化。

高校要准确把握当代大学生的身心特点，在文化自信教育过程中贯彻以学生为本的理念，满足学生的个性化需求，让学生不仅仅是参与者，更是主导者，为学生创造更多表达情感的机会，以此使大学生增强自豪感，提升学习的积极性和主动性。

（三）完善大学生文化自信教育保障机制

保障机制是指在文化自信教育过程中，为文化自信教育活动提供相关开展条件的机制，是保证文化自信教育长期稳定开展的有效手段。完善大学生文化自信教育保障机制，以明确的制度保障、多样的物质保障、科学的人员保障，为开展文化自信教育打下基础，进一步提高文化自信教育质量。

1. 明确的制度保障

明确的制度保障对文化自信教育的顺利开展和推进具有重要作用。在文化自信教育过程中，高校要充分把握国家的大政方针，深刻了解高等教育的发展形势，坚持党委领导下的校长负责制，制订明确的文化自信教育制度，在制度中明确各个管理部门的职责、各种事项的奖惩标准、课程评价准则、教师培训与管理办法等，使文化自信教育工作有章可循、有章可依。同时，高校要把握时代发展的大趋势，融合自身的发展特色，不断将以人为本的理念贯穿于整个制度建设中，让制度有强度的同时还有温度。

2. 多样的物质保障

物质保障是保证任务能够顺利完成的重要基础，高校开展文化自信教育，就要以一定的物质基础为支撑。这种物质基础既包括博物馆、图书馆、自习室等场馆设施，也包括校园广播、校园宣传栏、校园报刊、校园网站等宣传设施，还包括专项资金等经费投入。这些物质保障，不仅为开展文化自信教育提供了一个良好的平台，而且也为文化自信教育注入了活力。

3. 科学的人员保障

建设文化强国要重视教师队伍建设，这也是文化自信教育实施的根本保障。高校要增强文化自信教育领域教师的培养和引进力度，使教师政治素养过硬，善于从政治角度看问题，在大是大非面前保持政治清醒；业务本领要强，有深厚的马克思主义理论学识，有较高的学术造诣，敢于坚持真理；具备高超的育人水平，始终坚持以学生为主体，用新颖的教学手段、丰富的教学内容，引导学生接受、学习真理，担负起塑造学生品格、塑造学生思想的重任。

七、以法治化与标准化夯实网络安全治理

（一）强化网络安全国家标准顶层设计

习近平总书记强调，依法加强新兴媒体管理，使我们的网络空间更加清朗。法律在网络管理中发挥着根本、普遍和长期的作用，建立一个良好的网络环境并使网络空间保持可持续发展的良好趋势，关键是要制定法律法规并加以管理。我们需要加强立法，完善对互联网的监管，健全互联网相关基础法律以及其他解释和规则，依法依规地保护公民在互联网中的合法权益。健全新媒体领域的相关法律法规是建立一个干净、健康的网络空间以提高大学生文化自信的重要方面。

在我国的互联网生态中仍然存在治理针对性不强和不够精准等情况，特别是法律监督能力落后于技术升级、互联网监管法律法规不完善、相关领域法律法规不够翔实。

可见，我国现有的法律法规仍然存在诸多问题，需要改进。面对互联网技术的飞速发展和新媒体产品的出现，我国现行法律法规仍然不能完全适应互联网技术领域的各种挑战，因此有必要对网络治理和监督方面的相关法律法规进行系统的分类，以制定科学有效的技术标准和程序，并修改、完善和补充网络发展中可优化的法律法规的内容、系统、标准化的数据和标准化的系统设计，大力推进网络空间法治化。

（二）建立健全网络传播平台监管机制

网络不是法外之地，在人们运用网络时，应该建立相应的法律法规，同时更要建立相应的监管机制。

一是在政府要担负监管机制建立的责任。出台相应的监管机制，明确相关法律，让网络传播平台在更加健康的道路上发展。

二是社会民众应充分发挥监管作用，积极与网络中的不良信息做斗争，只有自觉发挥监管的作用，才能共同携手建立更加健康的网络空间。

三是高校要肩负起监管职责。高校对培育大学生文化自信有着非常关键的作用，应主动承担起教育的主要责任，培养道德、才智和美德并存的新时代大学生，同时学校还需坚持社会主义办学理念。

高校需要建立和完善网络传播平台监管制度。在大学思想政治理论教学的全过程中，要培育大学生文化自信，将中华民族优秀的传统文化教育与社会实践相结合，遵循知行合一的原则，强化大学生对理论知识的学习与运用。加强思想政治教育教师的队伍建设，对教学手段和方法进行创新，灵活使用新兴媒体，增强教学内容的吸引力和趣味性，将当今社会环境与大学生的现实生活紧密结合，面对大学生的困惑要及时给予正确的指导，使大学生对我国本土文化更加认同，从而不断提升大学生的文化自信。

（三）建立合理的监督和考核评价体制

要严格监管互联网公司等机构，同时加强对新技术和新应用在网络中的管理。目前互联网空间从总体上来看还是健康的，新媒体运营合法合规，但互联网中存在的负面信息仍然时常出现，特别是当今社会中的部分"网红"，他们有着百万粉丝，却不引导粉丝开展积极向上的活动，而是扭曲粉丝的价值观，如有的"网红"为了出名不顾形象在公共场合献丑等，这些现象不仅"污染"了社会环境，更是扭曲了许多大学生的价值观。为有效遏制非法和有害信息在互联网中的传播，政府、社会机构都应形成一个统一的监管环境。

一是政府和社会机构应承担互联网治理中的相应责任。互联网平台作为市场的主要管理主体，负责网络生态的治理，平台应加强自我评估和自我纠正。设立审计部门和网络信息管理部门，制定市场准入制度，严格审查实名注册和发布行为用户，从源头上加强治理。

二是政府监管部门需要认真履行监管职责。强化党对媒体的监管，发布一系列管理措施，加大对社会文化造成污染、破坏社会文化环境的网络公司的调查和惩处。采取特殊行动，与个人媒体做斗争，严查传播具有负面能量的网络媒体。强化对互联网舆情反馈机制的建设，加强针对此类内容的监督管控，及时进行分析和判断，及时过滤互联网中的不良信息。

三是作为互联网的使用者、参与者，我们更需约束和规范自身的网络行为。作为网络用户的主要群体，大学生应树立正确的网络观，自觉遵守互联网法律法规，积极参与网络文化建设，提高辨别是非的能力，坚定文化自信。

八、搭建思想政治教育主旋律网络阵地

（一）充分利用互联网新媒介阐释中华传统文化深厚底蕴

1. 以探索优秀中华传统文化的深层内涵为出发点

尊老爱幼、仁义礼智信、忠君爱国、道法自然、厚德载物等观念，都是我国优秀传统文化的体现，它们表达了中国人对待父母、社会、国家乃至自然界的独特思想，其更加符合自然界的客观规律，同时也教导人们积极向上、尊老爱幼。如何加强对我国优秀传统文化的深刻理解，同时也保护好我国的古代文物？我们可以尝试将传统方法和现在的互联网相结合，培育新的文化符号，通过互联网技术，换一种形式呈现，使文物更加鲜活。

2. 将重点放在使用在线媒体传播优秀的传统文化上

互联网作为新时代不可或缺的一部分，具有强大的传播作用，人们通过互联网了解世界，可见网络信息传播的速度之快、体量之大。高校通过互联网建立相关网站平台，提高大学生的积极性，创新表达方式，从而在新的历史条件下可以更好地传播和弘扬中华文化，实现民族团结。

3. 通过优秀的传统文化增强大学生的文化自信

高校优良的传统教育必须与时俱进，更新优良的传统中国文化教育形式，并将优良的传统中国文化带入学校的日常教育中。

一是利用以校园为导向的文化活动，如中国文化摄影大赛、短片大赛等大学生的喜爱活动，创造具有传统文化的教育品牌。

二是利用互联网的交流传播优势，加强我国传统节日以及大事件记事的宣传。例如，增强汉服文化、传统礼仪、中式婚礼等的普及教育与宣传，着重体现文化时代的礼仪感、尊严感、荣誉感和价值感。

三是持续开展寒暑假期间的以体验优秀传统文化为主题的社会实践活动，让大学生充分体验穿汉服、行汉礼、诵古诗，体验中国古人的生活，切身感受中国上下五千年的文化底蕴，亲身领悟中国古人的智慧。通过理论宣讲和实践活动，增强中国传统文化对大学生的吸引力和影响力，从而不断增强大学生的文化自信。

（二）加强网络教育资源的开发与传承革命文化的红色基因

首先，大学生是使用网络的主要力量，我们可通过网络教学平台积极开展网络课程来优化高校的网络教育资源，满足大学生不同的学习需求。运用新媒体技

术创建网络化的教育平台，推出具有纪念意义的爱国主题宣讲活动。把握好重大纪念日，通过该平台展示革命历史，讲好英雄事迹，增强大学生对革命文化的深刻认知和了解，从而进一步增强大学生网络思想政治教育。

其次，我们坚决反对任何伪造和诽谤党史的虚假倾向，以及反对解构、嘲笑、诽谤的虚假倾向，反对一切污蔑革命先辈、先锋模范以及当代雷锋的危险分子。革命文化记录了中国近代残酷的斗争历程，通过网络新技术让其重现眼前，了解历史革命文化，对大学生进行潜移默化的文化熏陶，从而增强大学生对历史的理解以及对本土文化的认同感。

最后，通过查阅历史文献，研究革命遗址，通过采访老红军、退伍军人等方式，保存革命历史事件的影片，使用新的媒体制作方法修复历史人物和史前历史事件的照片，重现革命年代光辉岁月，并用新媒体来提高其传播效率，从而使人们亲身感受到革命文化的强烈吸引力。随着开国大典彩色原版视频的修复传播，网友激动地表示非常震撼，那是一种难以言表的自豪感，可见新技术是能够让我们增强自信心的。

第八章　文化自信引领高校校园文化建设的路径

高校是培养大学生的重要阵地，在校园文化建设中必须坚持立德树人、文化育人的工作主线，把握以文育人、以文化人的核心要义，教育引导大学生坚定文化自信。聚焦、引领凝聚大学生，组织动员大学生，联系服务大学生的主责主业，主动作为，做好新时代校园文化的传承与创新，拓展校园文化平台与载体的建设，形成新媒体和传统媒体的有效衔接，积极构建彰显高校特点、学科特色、专业优势的校园文化工作格局。本章分为大学生文化自信培育面临的机遇与挑战、高校校园文化建设的路径两部分。

第一节　大学生文化自信培育面临的机遇与挑战

一、大学生文化自信培育面临的机遇

（一）人民的精神文化需求日益增长

当前，我国社会的主要矛盾由人民日益增长的物质文化需要同落后的社会生产之间的矛盾，转变为人民日益增长的美好生活需要和不平衡不充分的发展之间的矛盾。尽管立足于论述的角度看并不复杂，但是背后是一种历史性转变。对于唯物史观而言，重视人的本性，人在需求方面存在历史性，属于持续向前发展的。现阶段，对人民群众生活方面的需求进行满足属于主要目标。与物质文化需求相比，美好生活需求在概述方面更加立体与全面，涉及物质与精神两个方面的提升需求。

人们对生活的需求与精神世界之间存在着紧密的联系，习近平总书记指出："一个民族的复兴需要强大的物质力量，也需要强大的精神力量。"如果缺乏先进文化的领导、精神世界的丰富、民族精神力量，一个国家或民族难以在国际中

站稳。现阶段，我们正生活在人民群众展现集体智慧的一个时代，人们不仅对生产生活、生态环境有需求，还十分注重对文化教育的滋养，以便于让灵魂能够得到妥善安放。

我国传统文化在几千年的发展历史进程中历经岁月考验，中国传统优秀文化对弘扬社会主义核心价值观意义非凡。如果否定社会核心价值观，那么就会导致精神世界出现塌陷，思想空洞则会出现茫然，进而无法对美好生活进行追求。现阶段，与信息输出相关的机会以及平台逐渐增多，人们就像是在精神世界之中吃快餐一般对信息进行接收，各类思想充斥在人们的生活中，进而导致判别极易产生错误的情况发生。所以，立足于终端角度进行理解，美好生活需求是指对高品质文化产物的需求，文化存在精神层面的诸多领域之中，维持与提高文化自信能够对精神力量进行不断地提高。

（二）中国梦提供了新的目标和动力

1. 中国梦涉及多重维度

中国梦除了能够将我们民族存在的忧患意识展现出来之外，还可以体现出坚定、不屈的自信精神，同时还属于极其广泛的民族共识以及民族情怀。所以，达成中国梦的目标，不仅增强国家实力，还促进民族、国家、社会、个人的全面发展。

2. 文化自信与梦想完成之间存在着紧密的联系

要想确保中国梦的顺利实现，除了需要人们立足于中国梦之中涉及的科学内涵对自信予以树立之外，还须坚定对中国特色社会主义道路、制度、文化的自信，进而指明我党在今后的发展道路，并夯实中国人民在完成中国梦方面进行的努力。

3. 富强属于一个国家或民族繁荣昌盛的根基

现阶段，竞争极其激烈的世界环境反映出了富强不只是表现在军事、经济以及疆域等相关方面，随着信息时代的到来，文化影响力也在一定程度上决定了国家的综合实力。所以，文化强国需要文化自信来达成。

4. 文化推动新生

民族复兴需要将物质力量作为基础，但精神力量也不容小觑。于我国而言，若中华文化不昌盛，则中华民族就无法实现伟大复兴。现阶段，中国正处在民族复兴的时代，而文化复兴属于其关键所在。

(三) 中国特色社会主义实践的强大支撑

马克思主义进入中国之后，科学社会主义的主张得到了广泛的宣传，并在我国落地生根、开花结果，这一切并非偶然，而是我国几千年优秀历史文化与人民价值观念的融通。

我国在历经改革开放之后在诸多方面取得了伟大成绩。例如，经济实力得到了全面的增强，跻身于全球第二大经济实体，推动了人们生活质量与水平的提高，文化建设迈上了新的台阶，进而表明在构建中国特色社会主义的过程中，科学发展观以及构建社会主义和谐社会等理论，属于马克思主义中国化的主要成果，同时也是中国特色社会主义理论体系的良好的发展，挣脱了历史周期律，推动我党与全国人民全面建成小康社会的目标。

二、大学生文化自信培育面临的挑战

(一) 大学生的群体价值观面临挑战

大学生是一个特定的社会群体，他们在确定价值目标、进行价值判断和价值选择时都有着共同的认知。随着社会大发展和知识网络时代的冲击，大学生的群体价值观分化严重，这主要体现在主导价值观的导向作用不明显上。

1. 宏观层面

尽管马克思主义以及社会主义核心价值观在高校大学生的价值观中依然占据着主导位置，但以非主流意识形态为主的各种各样的价值观，如坚持市场自由和反对国家干预的新自由主义的价值观等，都不同程度地对当前的主流意识形态及主流价值观提出了一定的挑战。

2. 微观层面

高校大学生的个人价值观也存在着分化，高校大学生既存在着传统的集体主义和利他主义的价值观，同时也存在着个人主义以及利己主义的价值观；既存在着传播社会正能量的积极价值观，也存在着阻碍个人进步的、消极的价值观。

总体来看，在价值观潜在的导向作用下，当代大学生存在的多元化价值观使得高校师生的思想观念和行为方式也呈现出分化现象，必然在某种程度上对高校校园文化的建设产生不利的影响。

（二）西方文化对传统认知的冲击

1. 道德相对主义下的个性张扬

如今在宽松开放的社会环境下，人人都拥有了界定什么是最好的生活方式的权利。大学生为彰显个性自由，往往在价值迷茫的状态下做出反传统的道德选择，这样的选择往往都是不理智的。更有部分大学生主张道德虚无主义，他们认为，个人不应受任何道德规范的约束，每个个体都是原子化的个体。

道德相对主义以不同的文化和个体为本位，认为不存在客观的、普遍适用的道德原则，每个人都可以从自身的善良意志出发，主张不同的道德观念，遵循不同的道德规范与道德标准。道德相对主义在本质上是一种诡辩，而诡辩意味着以任意的方式，凭借虚假的根据，或者将一个真的道理否定了，弄得动摇了；或者使一个虚假的道理非常动听，好像真的一样。由此可知，道德相对主义所倚靠的"善良意志"就是一种空洞的概念，其内容完全由个别主体主观给予。

纵观人类历史的发展，不同的生存环境和生活环境造就不同的道德判断标准，因此道德的相对性是客观存在的，由此承认道德标准的权威性与道德分歧的现实性。但是相对性不等于相对主义，相对主义是夸大的相对性，它割裂了绝对性和相对性的辩证关系，夸大了认识的主观能动性，否认了客观真理的存在。道德共识是一种超越个体性的存在，而康德毕生谋求的也不过是这样一种普适化的道德法则。

所以，道德相对主义对教条式的道德普遍主义的反叛看似给主观选择带来了极大自由，实则不过是给了人们一个不遵守道德准则的理由。当个体处在一个无序的物理环境或社会环境中时，更有可能做出不道德的社会行为。过度自由的背后是对自律行为的抛弃，精神世界和现实世界的价值无序只会徒增人们内心的不安定感与焦虑感。与此同时，道德相对主义也给不同于本国道德规范的价值取向以"最大的宽容"。

这种带有个人浓郁色彩的情感化道德论，对于正处于树立正确道德观念时期的大学生来说是非常不利的，它极大地动摇了主流价值观在道德观念上的引领作用，对加强道德修养，建构国家认同产生了一定的阻碍。

2. "西方中心论"下的文化虚无

"西方中心论"是"以文明优越性为价值内核、以'种族优越论''制度优越论''文化优越论'为形式表达的一种文明观话语"，其实质是文化霸权主义。顺着这个逻辑，部分大学生出现了文化虚无主义的错误倾向。"文化是一个国家、一个民族的灵魂。"马克思指出:"如果从观念上来考察,那么一定的意识形态的解体足以使整个时代覆灭。"文化虚无主义的根本目的在于通过意识形态领域的自我怀疑,分裂社会主义中国。

优秀传统文化和社会主义核心价值观是"中华民族独特的精神标识",也是文化虚无主义的主要攻击对象。一系列反理性的错误导向扭曲了大学生对传统文化的正确理解。

事实上"西方中心论"是以特殊性为原则的,那么以"西方中心论"为立论基础的现代西方文明,其"普适性"的表达也是自诩的。现代资本主义发展过程中暴露出来的人与自然、人与社会、人与人之间的种种关系危机都有力地证明,资本主义文明不再能够继续推动人类文明发展进步,"西方中心论"必然要退出历史的舞台。

3. 资本逻辑下的逐利取向

无论是马克思主义经济学还是西方经济学,都不否认资本自我增值的能力和对外扩张的冲动,资本的本性导致作为资本人格化的资本家狂热地追求价值增值。资本主导的逻辑在一定层面上可以解决"物"的问题,但是解决不了"人"的问题。物质的丰硕不能取代思想的启蒙。

不容否认的是,市场经济体制是一把"双刃剑",它带来经济繁荣的同时也冲击着传统道德理念,道德滑坡和人的异化现象时有出现。当代大学生群体对物质利益的过度追求、个体私欲的不断膨胀,从本质上来说是工具理性取代价值理性的过程。

(三)中国传统文化的创新性发展不足

其一,立足于主导观念进行分析,不同社会中的上层建筑在主导观念方面会存在差异。若长时间处在封建社会之中,儒家学说演变成我国传统文化的核心,在社会主义的影响下,其不会出现封建社会中"帝王师"等相关功能,而是成为当代思想文化并展现出其相关作用。但是,对于我国特色社会主义指导思想而言,要将马克思列宁主义、毛泽东思想、中国特色社会主义理论作为基础,并非儒家思想。所以,对传统文化需要进行创造性的转化。同时,我们需要对马克思列宁主义和传统文化之间的关系进行合理处理,简而言之,马克思列宁主义无法对中国传统文化予以取代和弱化,不然这就不属于中国特色社会主义。另外,若不将马克思列宁主义作为指导,那么就无法顺利建成社会主义,分析苏联的发展就能够了解，摒弃马克思列宁主义无异于推动社会主义制度一步步地迈向灭亡。

其二，传统文化在引领市场经济中价值观念、道德规范的发展方面面临挑战。怎样对传统道德进行有效运用，怎样对中国传统道德资源进行吸收，属于现阶段亟须解决的一个问题。我们不能够对传统道德规范进行完完全全地保留，不做任何改变，而是需要实现扬弃，取其精华去其糟粕。尽管婚姻中白头到老、相濡以沫的美德受到了高离婚率的影响，但是推崇夫妻相互忠贞依然具有价值；在市场经济环境中，契约关系属于必然，朋友间应遵守承诺；虽然个别地方邻里关系不融洽，但邻居间相互不来往并不正常，邻居相互帮助的传统依然存在价值。

（四）学校对大学生文化自信教育力度不足

1. 对大学生教育方式单一

学校教育中对优秀传统文化的挖掘不足，难以体现其蕴含的精神含义和物质作用。学校的教学重"智育"，轻"德育"，侧重于关心大学生教育理论知识的传授，轻视培养大学生文化自信中的文化情感和意识，引起了文化的知、情、行之间的分离。

虽然知识的传授在教学中占据着重要地位，但是文化自信在教育中是必不可少的，并且需要给予大学生相应的人文关怀，例如，可以培养大学生的爱国情怀。如果学校教育缺少对文化自信的教育，让大学生脱离实际，知、情、行脱节，不利于培养大学生的文化自信思想。有的教师缺乏对文化自信的深入学习、认知，对文化自信内涵和精神的学习往往是浅尝辄止，缺少对文化自信的分析和在教学中的运用。

譬如，部分教师在讲授知识点时，仅仅关注"是什么"，而很少去思考知识点背后蕴含的"为什么"，只是对知识点一带而过，难以让大学生对知识点产生共鸣。例如，部分教师在讲解长征精神时，首先介绍长征精神的背景，然后概括了内容，最后阐述了意义，对知识点进行勾画，让学生死记硬背，应付考试，而没有注意学生的思想共鸣。

2. 对大学生教育内容相对狭隘

学校和教师多注重课本知识的传授，学生难以有机会去获得丰富的文化知识。通过课堂的传授，学生学习知识也仅仅是为了应对考试，而对提高个人文化修养作用有限，使得大学生对文化自信的重视程度不高，一些大学生在日常生活中对娱乐性节目或与自身相关的事情很好奇，而对国家大事、时事新闻较少关注。在课余时间，教师可以采取多种措施增强大学生的实践感悟，如可以带大学生去博物馆、艺术馆接受传统文化的熏陶。

（五）中国特色社会主义文化事业和产业相对落后

其一，文化产品在总量方面的水平有待进一步的提升，对于国民经济增长的贡献率不高；其二，缺乏龙头企业以及品牌，文化产业竞争力亟须提高；其三，人才匮乏，文化产业在发展方面的人才需求矛盾越发突出；其四，文化产业融资较难，文化产业在资金渠道方面并不多；其五，文化产业配套政策需进一步健全，外部环境也还需优化。

（六）社会主义核心价值观培育有待进一步加强

增强对各类社会思潮的辨别并加强对大学生的引导，不能够当旁观者，而是应敢于亮剑，积极解答各类疑惑。

1. 需要夯实社会主义核心价值观的主导地位

核心价值观在特定社会经济以及政治制度方面，能够发挥出稳定、巩固制度的作用。世界上任何一个国家都有处在支配地位的核心价值观。

当前，社会价值观存在着多元多变的特点，但核心价值观是持久稳定的，在社会制度中占据着主导地位，需要人们凭借各种途径、方式，积极认同和践行。当前，需要发挥社会主义核心价值观在国家建设、社会发展、公民个人行为规范三个方面的积极引领作用。

2. 社会主义核心价值观需要在实践中积极践行

中国特色社会主义存在着自身独特的核心价值观，与资本主义、封建主义之间的核心价值观存在着不同，它是立足于马克思列宁主义的社会主义核心价值观。中国特色社会主义核心价值观不仅对我国优秀传统文化进行弘扬，还对世界文明成果进行吸收和借鉴，所以具有民族性和时代性的双重特点。社会主义核心价值观属于与社会主义经济、政治制度等适应的主导价值，并非普世价值在我国的表现，也并非现代版的中国传统价值观。

就社会主义核心价值观而言，其中涉及部分人类共用的理念，但这无法对其本质进行改变。这主要是由于社会主义核心价值观存在着十分显著的社会主义特性，其中包含的十二个价值观，均不属于脱离时代以及社会制度的理念。

但是，现阶段全民对社会主义核心价值观的认可与落实情况，由于每个人接受教育的情况存在着差异，使得我国在此方面的发展受到了影响，使得文化自信面临挑战。

（七）网络信息对大学生文化自信构建的冲击

1. 网络暴力和舆情事件弱化大学生文化意志

网络中的海量信息如同现实中的"图书馆"，掌握与之对应的查询方法，可以使学生自由地在庞大的信息网络中"冲浪"，这为他们获取资讯提供了条件。同时，网络还将时空距离减小到零，这使学生可以获得更丰富的资讯。然而高速度的信息传播也使得网络暴力事件和舆情事件频发。

网络暴力，其实就是暴力在网络上的延伸，但又区别于现实中肢体冲突的暴力，然而网络暴力可能会造成比现实暴力更严重的后果，如"人肉搜索"将个人隐私在全网进行公开，为不法分子创造了机会。网络暴力严重时能造成受害者死亡，而在此期间作为大众的我们很可能就扮演着帮凶的角色。大学是学生形成健康人格的关键阶段。对于尚不成熟的大学生来说，面对这些传播速度之快且影响较为广泛的网络暴力和舆情事件之时，很容易受网络暴力和舆情事件带来的负面影响，产生一些负面情绪。例如，部分大学生在网络上使用诽谤、蔑视、嘲笑或偏激的语言表达观点，导致一系列的网络不良行为。部分大学生存在不良意志品质，主要表现为缺乏自信、情绪不稳定、易受外界事物干扰等。这也会使他们对自身文化产生怀疑，不利于大学生形成正确的三观。因此，这将是在互联网视域下大学生文化自信生成面临的重大挑战之一。

2. 网络泛娱乐化倾向削弱大学生文化实践

网络文化是一种非常开放的文化，在互联网世界中，存在着不同的思想和文化，以及不断变化的概念和网络行为，人们可以在互联网上充分表达和交流不同的文化。因此，网络文化显得更加开放和包容。网络的开放性使它表现出很强的动态特征，信息的传输更加迅速，各种社交的习惯、方式和特征都可以在网络中快速地显示出来。这也就形成了网络文化的另一个重要特征——信息量庞大。网络的开放性和庞大的信息量，开阔了大学生的视野，使他们开始了对比思考，大学生可以摆脱时间、空间的限制来认识世界。同时，大学生根据自己的理解，能更加深刻地了解到祖国的强大和繁荣昌盛，从而使他们增长见识和形成多维思考模式。

第二节　高校校园文化建设的路径

一、以原创文化激发高校校园文化建设

（一）培育文化育人品牌

大学原创文化育人工作的开展和实施，除了要对大学原创文化进行凝练外，还要在实践操作过程中增加大学师生对原创文化的感知和体验，要将立德树人贯穿到文化品牌建设、文化环境营造的各领域、各环节中，抓住"育人"这个出发点，实现文化活动、文化环境、文化节点相统一，营造育人新生态。

1. 打造个性文化品牌

在一定程度上，原创文化育人元素同高校育人过程是相辅相成的，高校要在原创文化、大学精神的基础上，结合各类教育活动，打造自身的文化品牌，涵育师生文化修养，加速原创文化育人理念的渗透。高校要找准自身的定位和明确自身的育人的特色，依靠文化要素的改造和完善，不断凝聚和优化各类文化元素，促进大学原创文化的拓展与创新。从自然环境到人文环境，从物质基础到规范体制，都应突出大学自身的特色，让学生对校区历史和校区精神实现从了解到理解的跨越，并从中汲取自己成长与发展的营养。

高校要厚植品牌优势，丰富品牌内涵，用艺术形式展现自身风貌和价值追求，借助主题展览和景观建设开展教育活动，充分发挥校史文化、校区文化的育人功能，实现大学原创文化的浸润。同时，高校要用合理的教育方式推进原创文化育人，要抓牢"育人"这个出发点，营造具有大学自我特色和意义的文化环境，要将这一环境和学校的传统相结合，塑造学生积极健康的人格，要从学校自身的角度看待原创文化建设过程中存在的问题，提出含有自我特色风格的育人举措。

同时，高校要注重基层文化品牌建设，注重基层文化和学校整体发展基调的一致性，构建整体文化方向把控、基层文化覆盖建设的原创文化共同体，营造育人新生态。

2. 丰富大学原创文化内涵

首先，通过校史校情教育、榜样选树分享等丰富大学原创文化内涵和价值理

念，增强大学师生对本校文化的认同感。其次，要通过提供各类实践创新、科研攻关、素质拓展等平台，使学生丰富知识的同时实现知行合一，在不同的行为实现中感受自己的人生价值，获得珍贵品质和能力的提升。最后，要强化学校独特的地域标识，高校要基于自身独特的地理位置，衍生和塑造独特的文化标识，利用校园广播、校内局域网络、微信公众平台、校内宣传板块设施等宣传方式，实现原创文化的全方位浸润感染。加强对原创文化的标识建设，在物质基础设施、文化活动宣传、文创产品营销的过程中注入原创元素，可不定期、分区域设置专属展区，酝酿独有的文化归属感；要加强校区文化的展厅建设、完善校史馆展区内容，积极开展各级各类学生的素质培训，丰富学生专业知识之外的必备技能，提升学生的核心竞争力。

3. 培植大学原创文化认同生长点

大学原创文化育人的过程在本质上是一种情感培育的过程，大学师生对学校的认同感和归属感是育人的中介，推动着大学师生对本校文化的持续性深入了解，也影响着大学师生的自身行为和学校文化核心教育理念的一致性。在大学原创文化发挥育人功能的过程中，除了外在的环境设施和规章体制外，还应该给予一些人文关怀，实现育德育心的协同并进，立足学生的需求，以立德树人为灵魂，在全、深、新上下功夫，将传承红色基因作为重要抓手，面向校内的不同群体开展专项教育，将红色基因作用在立德树人的实践中，深入挖掘育人元素，推动价值塑造、知识传授、情感培养紧密结合。例如，在实践过程中，通过"薪火—楷模"选育平台，选树优秀大学生典型；通过"薪火—担当"培育平台，开展"奋斗者的足迹"优秀大学生事迹报告团宣讲，制作《标兵慕课》等，发挥学生榜样示范引领作用；通过"薪火—阵地"教育平台，积极推进传承红色基因教育活动进宿舍、进网络、进校园活动，通过这些举措，大学师生感受到的是层次多样的教育，在这种软环境的影响下引导大学生见贤思齐、追求卓越。

4. 增强原创文化和学生成长的融合度

大学原创文化育人的过程是大学人认知、情感以及行为之间相互作用、动态发展的过程。大学师生只有对学校发展的文化信息有足够的、准确的认识，才能建构起个人认知的文化样态，才能够通过置身于学校之中感受学校文化的发展力量。在此基础上，首先，大学原创文化育人要把握育人的中心点，实现点面聚焦，充分认识到校园文化教育活动的重要作用，结合不同的群体特点，有区别地、分类地开展文化教育活动，要充分发掘新生入学教育、开学典礼、毕业欢送会等仪式的文化内涵和价值理念，将大学原创文化蕴含的价值理念和精神追求融入物质基础建设、制度机制构建、教育文体活动开展的过程中，将文化教育活动内容的思想性与学生的体验性相结合，让学生在参与过程中感受大学精神、校训校风、校园标志性建筑等中蕴含的精神意蕴，并以此规范自身的行为。其次，利用好学校建校发展的各个关键时间，创作一系列融合校区文化精神、展现学校文化历史和风貌的原创文化作品，以各种文化形式鼓励学生奋发向上；除了丰富活动形式之外，还要以实践形式推进成果献礼和庆典活动，在实践过程中实现对学生的思想政治教育。再次，以社团、班级、课堂为依托，把文化融入教育的各环节和各领域，不断优化文化育人软环境，利用榜样人物评选、全国模范人物评选等契机，结合学校发展过程中的优秀人物事迹演讲，开展主题性的文化作品征选，举办原创文化艺术作品展演活动，让学生在参与的过程中感受来自榜样、先锋的优秀品质；要把握原创文化的推广契机，积极对创新创业活动优秀成果的宣传以及优秀文艺作品进行循环展演，提升原创文化建设的影响力。

（二）建立原创文化育人长效机制

高校要不断健全和完善原创文化育人机制，使原创文化育人工作制度化，要根据外部环境和学校发展不断调节制度建设，制订具有自身特色的规章制度，同时要创新育人实施体系，在原创文化育人的过程中发挥多方力量联合创作，突出育人重点，要完善评价和监管机制，确保原创文化育人工作的有序推进。

1. 加强育人制度建设

要创设大学原创文化育人的氛围保障，加强制度体系建设。制度文化属于大学原创文化的中层维度，是大学文化的内在机制，学校规章体制是大学在教学管理的过程中形成的蕴含学校特色和风格的文化，构建大学原创育人机制不应该是制度与现实"两张皮"，而应该根据高校自身发展实际和学生群体特点实施，要聚焦以培养人为主体的价值导向，对学校原创文化建设进行合理规划，学校的管理层要在外部大环境和学校规划下对学校的章程制度进行调节、改善和修正，要充分发挥教职员工在原创文化育人过程中的作用，以育人为出发点，尊重师生的主体地位，推动通识大类课的课程改革，增设由校史文化、优秀传统文化、创新文化等组成的多元课程体系，挖掘各类育人元素，提升课程的亲和力和引导力，同时对学生的课外实践活动和第二课堂制度进行科学设计和规划，丰富原创文化的建设形式，形成强大合力育人体系。

学校的规章体制要有目标指向，除了落实大政方针之外，还需要制订具有自身特色的章程、制度和实施细则，要借鉴先进大学管理体制的成功经验和做法，立足时代新站位，结合自身的治校经验和做法，形成独具特色的章程、制度，凝练成书面文件的形式予以落实并严格实施。

在规范健全机制的同时要强化制度联动机制，让管理、决策、育人等制度机制为大学原创文化建设营造良好的制度环境，同时要对大学生的学习、生活，对校园管理制度实施动态监管机制，要对大学生群体的诉求，对课程设置、学术活动、社会交互活动等及时进行创新性完善，要使制度文化更贴近群体生活，为人才培养、品牌建设、学校发展创造有利的制度环境，保障原创文化育人的长期性、稳定性。

2.创新育人实施体系

高校要在发展自身文化的同时夯实基层文化建设，引导各个基层单位开展文明校园、创新校园建设工作，推动基层文化的创新，要让基层文化成为校区精神和大学人之间的传送带，各个基层单位要不断凝练自身文化成果，也要切实将原创文化育人工作落实在学校育人工作的各环节中。

学校要加快对育人体系的构建，统筹全校各领域、各方面、各环节的育人资源和育人力量，对学校原创文化建设举措和具体安排进行定期检查，并汇报具体实施和成果，落实、落细任务指标，要以项目研究和课程改革、设施完善为依托，推进原创文化育人实践探索和理论研究。

3.建构育人评价体系

科学合理的评价和激励机制是提升原创文化育人质量的重要保证。大学原创文化育人过程作为动态的、多元化的存在，要不断进行系统化完善、体系化构建。在大学原创文化的发展过程中，要分阶段、分层次梳理原创文化的内涵和外延，要对学校目前拥有的原创文化资源进行数量和质量上的统筹，并且要对原创文化的产出进行分析，从政策扶持、资金保障等方面推动原创文化的进一步增长。

此外，原创文化育人要创新评价机制，以培养现代化创新人才为标准，以培养有特色的大学生为目标，建立适应高校和学生发展需求的评价体系，推动大学原创文化育人落实、落细。

科学有条理的评价体系对提升育人实效具有重要意义，学校要将学生的综合素质作为硬性指标，不仅包括对学生专业知识掌握程度、文体实践活动的参与程度的考查，而且还包括思想价值观是否正确、学生创新成果产出等评价指标，要注重对学生的发展性评价，改变学生在完成学业的终末评价，将评价贯穿于学生入校至离校的全过程中，在发现学生出现偏差时进行及时纠正。

同时，学校应对大学原创文化育人的内部要素不断进行优化升级，满足学生的发展要求，要不断丰富评价形式，改变传统的单向评价，把评价的自主权分给学生，在学生之间进行自评、互评，丰富评价对象的指标体系，不仅对学习进行评价，而且还对活动参与、在校感触等进行开放性评价，并且设置反馈回应机制，不断改进育人过程中存在的不足，提升学生的参与感和归属感。

（三）把握大学原创文化育人的总体要求

大学原创文化育人工作的开展要循序渐进，要加强顶层设计，理顺大学原创文化育人的内容和结构，要强化融入，实现大学原创文化育人的全员、全过程、全方位融入；要聚焦文化品牌培育，达成文化共识，把握原创文化育人的基本原则。

1. 将原创文化育人全员、全过程、全方位融入

大学原创文化育人作为育人体系中的一个重要环节，要深入挖掘其内在的价值理念和文化力量，融入育人的方方面面，进一步弘扬和培育具有大学特色的时代新人。大学原创文化育人功能的发挥和实现不只是学校某一部门或者几个部门的责任，也不只是授课教师的责任，应包括辅导员、行政人员等教职工在内的全体人员，同时大学原创文化不是只通过精神文化来实现的，而是要通过物质文化、行为文化、制度文化、精神文化四个方面来传导和表现，统筹规划，从而实现对大学生的价值引领和行为引领。大学在承担教书育人职责的同时也具有文化传承与创新的职能，教师是实现这一职能的关键。

大学原创文化育人工作的开展，首先要提升广大教职员工对原创文化育人的认识，全体教职员工都肩负着思想政治教育之责和以文化人之责，管理者根据时代发展需求和学校发展特色制订学校发展章程、制度，并为大学精神、办学理念注入新的时代内涵，自觉地用大学精神和章程与制度规范和约束大学师生，通过行为示范、精神传递、制度约束、环境熏陶等将大学原创文化育人落到实处，推动原创文化育人功能的实现。大学教师要将大学精神和专业特色文化融入日常的教学中，以建校优秀学者为目标，彰显自身人格魅力，强化学生对科学真理的追求，营造教育情境引导学生，激发学生的学习积极性和好奇心，帮助学生更好地享受原创文化的浸润。

同时，要将学生主体的自我教育纳入育人范畴，学生对原创文化的理解和认同是大学原创文化育人元素发挥作用的前提，恩格斯曾指出："就个别人来说，他的行动的一切动力都一定要通过他的头脑，一定要转变为他的意志的动机，才能使他行动起来。"校园环境的熏陶、大学精神文化的浸润以及外在制度的规范约束都要与学生的成长需要相匹配，在学生发展的阶段匹配与之相关的学校教育，能够发挥其学习、创造的主观能动性，从而实现自我领悟和自我更新。

以大连理工大学为例，在新生开学之初，开设新生入学典礼、参观校史馆、开设书记第一课等方式对新生进行入学教育，学院根据自身专业以及学院历史，针对学生开设人物事迹讲演，以直观的形式、直接的表达方式让学生感受学校、学院在发展中取得的办学成果，使新生产生归属感；在入学后以及毕业阶段，对学生进行校园优良传统、校训校风教育，并且将大学精神与课程教育相结合，借助人物事迹具体事例，将办学、治学、求学、建设历史融入教学案例中，在拓展专业理论知识的过程中，增强学生的荣誉感和自豪感，并逐步树立独立自由、创新进取的价值观念，将精神文化内化于心、外化于行。

2. 坚持大学原创文化育人的基本原则

大学原创文化的发展和建设应该根植于校园历史文化土壤中，要将社会主义核心价值观融入原创文化成果之中，完成立德树人的根本任务。大学原创文化建设要以社会主义核心价值观为引领，拓宽育人渠道，要将时代精神、地域文化、道德规范等融入原创文化建设中，以科学合理的育人体制规范、鲜活生动的文艺作品促进大学生的健康发展。此外，原创文化的发展要契合高校的培养理念和学科建设，要在二者的融合之中引发大学生的价值情感共鸣，获得认同感，发挥好育人作用。

大学原创文化建设是学校传承文化与创新文化相结合的新命题，要继承优秀传统文化的内核基因，不断创造新的文化元素和文化标识，坚持内外结合、点面结合，实现育人和发展的统一。大学原创文化是大学发展历程的历史积淀，历史文化传统是大学原创文化的特色，原创文化的建设和发展要尊重历史、呈现历史，要基于学校发展基础挖掘传统基因，要对学校的办学历史进行追溯，挖掘办校治校过程中的大事记和先进模范人物事迹，归纳学校的基本建设经验和取得的重大成果，并且以此为教育内容，对师生进行精神文化教育，增强凝聚力。同时，原创文化要不断吸收各类资源，对师生自主创造、校本文化资源传承、校友文化资源榜样选树以及地域文化资源等进行吸收整合，把握本校特色基础，实现育人无处不在。

大学原创文化育人要将办学理念和学科特色融入学生的日常教育中，不能只停留于表面，要真正培养具有学校特色的时代新人。大学原创文化具有隐性教育的特征，新时代对人才培养的要求越来越全面，不能仅仅依靠课堂教学，还要充分发挥"第二课堂"的特殊教育功能，以及借助文化作品、社会实践、志愿服务等渠道和形式，将育人理念和思想政治教育相结合，同时要推动校本文化教育和专业知识教育的融合，增强师生员工的创新意识，真正提升人才培养实效。

二、设计校园文化产品供给

目前的大学生大多是00后，他们也被称为互联网一代，平时接触更多的是个性化的文化产品和文化服务，热衷于参加一些文化圈的活动。

一些传统的文化活动，如讲座、阅读、看电影等，属于单一的文化消费行为，对于大学生来说，缺少一定的吸引力，他们只是被动地接受。要想设计校园文化产品的供给，可以借鉴青年文化圈活动所具有的参与性强、创造性高等特点，设计互动性强的文化产品，满足当代大学生个性化的文化服务需求。此外，还可以组织开展校园网络文化活动，积极设计个性明显、风格多元的校园文化产品，建设"互联网+"校园文化。

三、营造生态校园文化氛围

生态校园文化包含物质文化与精神文化两种文化理念，涵盖生态景观、绿色建筑等硬实力文化与绿色社团等软实力文化，集生态的外部环境与内在本质于一体。打造生态校园文化有助于完善校园生态景观建设，推动高校绿色社团的发展，建构生态校园文化的总体布局。

（一）完善校园生态建设规划

校园生态建设涉及高校整体布局的多样性与多元化，关系到高校生态景观的具体分布及合理化建设，应当以全局性眼光及总体性视域，对高校校园生态建设做出总体规划，切忌以偏概全。

首先，校园生态建设注重的应是外部环境的生态化建设，合理利用自然资源和地理空间环境，形成小范围内的生态链与生命空间。依据校园的原始地貌水系、土壤分布状态、季节气候环境等多种客观条件，创造可循环、复育的生态空间，积极打造生态集合空间。依据高校所处的地理位置、水源、土壤等自然环境分布状况,合理规划校园生态景观分布。

其次,要强化各要素之间的关联与联系,推动生态环境的持续循环与重复利用。例如,长江以南的高校能够建设"鱼塘—蔗糖—蚕丝"可持续循环的生态链与生命发展空间,提高校园水污染的环保清洁能力,净化地表水,形成清洁、高效、可持续的生态化空间,增强大学生的感受力。

再次,要形成生物多样性的自然保护区域。生命多样性的展现是考量高校校园生态环境的重要指标,取决于高校对当地物种的了解情况。

最后,绿色建筑作为校园生态建设的重要组成部分。高校绿色建筑使用材料的可降解性是衡量校园生态环境的重要因素,排除具有光污染、水污染、大气污染的建筑材料,选取绿色、环保等可重复利用与可降解材料,能够提升大学生对高校生态建设的体验感与重视程度。

(二)创新高校绿色社团建设

首先,创新绿色社团是深耕高校办学理念的基本要求。高校要具备高瞻远瞩的长远格局,合理定位,在不同层次与领域办出特色。立足于新时代美丽中国的背景下,创新绿色社团有助于更新高校的办学理念,形成以生态文明思想为指导,以生态文明教育为着力点的办学思路,及时为大学生注入生态文明观,推动高校面向未来。

其次,创新绿色社团是推进高校根本任务实现向内转化的本质要求。高校秉持"要把立德树人内化到大学建设和管理各领域、各方面、各环节,做到以树人为核心,以立德为根本"的核心要义,坚持守正创新,激发绿色社团的内在潜力,形成协同教育的良好格局。

最后,创新绿色社团是完善高校生态校园建设的现实诉求。良好生态景观的绿色校园,一直以来都是支撑高校全面发展的软实力。基于此,创新绿色社团,发挥大学生建设校园的主体性作用。以自身实践为主要内容,关注绿色校园硬件建设与节能改造,自觉监督其实际效用,及时反馈,对高校生态建设形成良性评估,共同努力营造环境优美、干净整洁的生态化校园。

以自组织理论为主线,运用对立统一的方法,将高校生态文明建设落实在社团发展的全过程中。一方面能够起到高校生态文明教育课堂延伸的辅助作用,另一方面能够推动社团成员的全面发展。从高校生态化发展的角度来说,绿色社团是生态文明教育的有效载体和实践平台,能够促进高校学术理论的发展,为高校营造研讨、交流的学术氛围。

高校应定期展开生态文明建设的科普展览与实践活动,如校园垃圾处理、校园废物回收利用、保护生物多样性等,为高校隐性教育量身定做一套系列化的配适活动。从社团成员全面发展的角度来说,社团主要由社长与社员组成,是处于同一矛盾的两个方面,具有相互影响、相互作用的特性。创新绿色社团,能够为社团核心人物提供良好的发展平台。

社长是社团自发形成的核心人物,是自组织中的基本动力,具有能力强、威信高、可信度足的特点。社长通过制订合理计划、实施民主管理等途径,能够带动其他成员,为高校"争创一流"与社会和谐发展做贡献。创新高校绿色社团,能够提升社员的自主意识、开拓意识和团队精神。社团成员以共同言说和协力行动为契机,使每位社员能够在参与当中一同分享、交流、合作和探究,感悟集体行动和协同管理的价值,也成为群体进行自我教育的基础。成员间通过共同举办校外实践活动、校园绿色演讲比赛等活动,形成开放、共存、共荣、共控的格局。

参考文献

[1] 廖女男. 大学校园文化的传承与创新 [M]. 成都：西南交通大学出版社，2012.

[2] 蒋祥龙，朱静华. 高职校园文化建设研究 [M]. 北京：北京理工大学出版社，2012.

[3] 贾霄燕，柏林，王静，等. 高校校园文化建设探索 [M]. 石家庄：河北人民出版社，2015.

[4] 梁英，陈恕平. 做生根的教育：大学校园文化创新项目培育探索 [M]. 北京：光明日报出版社，2015.

[5] 才忠喜，张东亮. 校园文化理论与实践研究 [M]. 西安：西安交通大学出版社，2015.

[6] 赵军. 高职校园文化建设概览及实务 [M]. 成都：西南交通大学出版社，2015.

[7] 黄秋生，陈元，薛玉成. 当代大学生文化自信现状及培养研究 [M]. 北京：团结出版社，2017.

[8] 张冰. 校园文化建设与大学生志愿精神培育实践 [M]. 上海：立信会计出版社，2017.

[9] 赵军，甘华银. "一核三维五元"校园文化育人模式初探 [M]. 北京：光明日报出版社，2018.

[10] 张绍元，李晓慧. 文化自信：中华优秀传统文化核心思想理念读本 [M]. 北京：中国言实出版社，2017.

[11] 黄力，姚选民. 雷锋精神与中华优秀传统文化传承：文化自信的当代理论建构 [M]. 北京：九州出版社，2017.

[12] 张继宏. 中国自信的文化考量：文化自信铸就匠世匠心 [M]. 北京：东方出版社，2017.

[13] 李海红. 校园文化建设理论探索与实践案例 [M]. 北京：光明日报出版社，2018.

[14] 王新华. 契合与笃行：校园文化建设与大学生社会主义核心价值观实践教育研究 [M]. 秦皇岛：燕山大学出版社，2018.

[15] 代祖良. 创新校园文化的途径与方法 [M]. 北京：光明日报出版社，2018.

[16] 张理华. 高校图书馆与校园文化建设研究 [M]. 北京：台海出版社，2018.

[17] 冯刚，孙雷. 新时代高校校园文化建设概论 [M]. 北京：光明日报出版社，2019.

[18] 陈凌云. 大学生思想政治教育与校园文化研究 [M]. 天津：天津科学技术出版社，2018.

[19] 吕开东，张彬. 高校学风建设与校园文化融合发展研究 [M]. 北京：光明日报出版社，1970.

[20] 秦慧媛. 高校校报创新发展与校园文化宣传 [M]. 长春：吉林人民出版社，2019.

[21] 高英华，孔祥顺，段琳. 校园文化与学校管理 [M]. 延吉：延边大学出版社，2019.

[22] 赵翔，张博. 高校校园文化建设的多维度探究 [M]. 西安：西北工业大学出版社，2021.

[23] 张波. 新时代走向"强起来"的文化自信研究 [M]. 长春：吉林大学出版社，2020.

[24] 彭斌. 网络环境下的高校校园文化建设的内容 [J]. 经济与社会发展，2007（12）：199-202.

[25] 郭策，游舒颖，王苹. 新媒体时代高校校园文化建设的机遇、困境与出路 [J]. 湖北经济学院学报（人文社会科学版），2020，17（7）：103-105.

[26] 王荣花. 信息素养教育与高职校园文化建设之关系的重构研究 [J]. 中国新通信，2020，22（22）：174-176.

[27] 石聪玲，徐嘉辉. 中华优秀传统文化视域下高校校园文化建设研究 [J]. 边疆经济与文化，2020（11）：82-84.

[28] 叶阿恋. 校园文化建设视域下高校大学生诚信教育探析 [J]. 鄂州大学学报，2020，27（6）：72-75.

[29] 李金津. 新时期高校校园文化建设研究 [J]. 科教导刊，2020（31）：14-15.

[30] 杨叶菊. 当代大学生文化自信的培育路径探索 [J]. 产业与科技论坛, 2020, 19（2）: 171-172.

[31] 谭文才. 文化自信视域下大学生社会主义核心价值观的培育 [J]. 高教学刊, 2020（5）: 183-185.

[32] 刘养卉. 思想政治教育视阈下新时代大学生文化自信培育路径探索 [J]. 社科纵横, 2020, 35（2）: 114-118.

[33] 赵叶子. 浅析新时代背景下大学生文化自信培育 [J]. 大众文艺, 2020（2）: 216-217.

[34] 刘晗. 论新时代培育文化自信的时代价值及现实路径 [J]. 边疆经济与文化, 2020（1）: 43-44.

[35] 樊建科. 文化自信视野下高校师生党员理想信念教育研究 [J]. 黄河水利职业技术学院学报, 2020, 32（1）: 94-98.

[36] 耿倩, 苗汝昌, 樊玉华. 以坚定的文化自信引导信教大学生坚持中国化方向的实践探索 [J]. 辽宁省社会主义学院学报, 2020（4）: 64-67.

[37] 周子豪. 文化冲突对大学生文化自信的影响及对策研究 [J]. 重庆电子工程职业学院学报, 2020, 29（6）: 104-107.

[38] 裴英竹. 文化自信与大学生核心素养的培育和发展探析 [J]. 广西教育学院学报, 2020（6）: 113-117.

[39] 毕天航, 马寄. 中华优秀传统文化视域下大学生文化自信的培育 [J]. 佳木斯大学社会科学学报, 2020, 38（6）: 91-94.

[40] 申晓辉. 新时代大学生文化自信存在的问题与培养路径 [J]. 教育理论与实践, 2020, 40（33）: 39-40.

[41] 邱秋云. 后疫情时代大学生文化自信培育的路径探析 [J]. 南方职业教育学刊, 2020, 10（6）: 47-51.

[42] 程逸芸. 新时代优秀传统文化融入大学生思想政治教育路径研究 [J]. 大连民族大学学报, 2020, 22（6）: 574-576.

[43] 程逸芸. 文化自信融入大学生核心价值观教育路径研究 [J]. 现代交际, 2020（21）: 131-133.

[44] 余成武. 大学生文化自信培育与健康社会心态塑造探究 [J]. 沈阳农业大学学报（社会科学版）, 2020, 22（6）: 732-736.